Geschichte im Film und in den Neuen Medien

Geschichts- und Erinnerungskultur

Buchners Kolleg. Themen Geschichte

Buchners Kolleg. Themen Geschichte

Geschichte im Film und in den Neuen Medien
Geschichts- und Erinnerungskultur

Unterrichtswerk für die Oberstufe

Bearbeitet von Oliver Näpel

Zu diesem Lehrwerk ist erhältlich:
Lehrermaterial auf CD-ROM (ISBN 978-3-7661-**7328**-7)
Weitere Materialien finden Sie unter www.ccbuchner.de.

Dieser Titel ist auch als digitale Ausgabe **click & study** unter www.ccbuchner.de erhältlich.

1. Auflage, 1. Druck 2018
Alle Drucke dieser Auflage sind, weil untereinander unverändert, nebeneinander benutzbar.

Dieses Werk folgt der reformierten Rechtschreibung und Zeichensetzung. Ausnahmen bilden Texte, bei denen künstlerische, philologische oder lizenzrechtliche Gründe einer Änderung entgegenstehen.

Auf verschiedenen Seiten dieses Buches finden sich Mediencodes. Sie enthalten optionale Unterrichtsmaterialien und/oder Verweise (Links) auf Internetadressen. Haftungshinweis: Trotz sorgfältiger inhaltlicher Kontrolle wird die Haftung für die Inhalte externer Seiten ausgeschlossen.

Redaktion: Stefanie Witt
Layout, Satz und Umschlaggestaltung: ARTBOX Grafik und Satz GmbH, Bremen
Druck und Bindung: creo Druck & Medienservice GmbH, Bamberg

www.ccbuchner.de

ISBN 978-3-7661-**7318**-8

Inhalt

Mit „Buchners Kolleg. Themen Geschichte" lernen und arbeiten 4

Geschichts- und Erinnerungskultur

Geschichte im Film und in den Neuen Medien 8

Theorie-Baustein: Geschichtsbewusstsein und Geschichtskultur 10

Theorie-Baustein: Formen und Funktionen von und Umgang mit
historischer Erinnerung 16

Geschichte im Film 22

Methoden-Baustein: Geschichtsspielfilm 44

Methoden-Baustein: Geschichtsdokumentation 48

Exkurs: Reformation in Film und Fernsehen 52

Geschichte in den Neuen Medien 58

Methoden-Baustein: Internetseite 77

Kompetenzen testen 81

Anhang

Methoden wissenschaftlichen Arbeitens 82

Hinweise zur Bearbeitung der Aufgaben 84

Hinweise zur Bearbeitung von Klausuren 86

Formulierungshilfen für die Textanalyse 87

Probeklausur 88

Personen- und Sachregister 95

Bildnachweis 96

Mit „Buchners Kolleg. Themen Geschichte" lernen und arbeiten

Das vorliegende Werk ist ein **Lern- und Arbeitsbuch**. Verfassertexte und Materialien liefern eine solide Grundlage für die systematische Vorbereitung auf das niedersächsische Abitur.

▶ Einführungsseiten

leiten mit **problemorientierten Fragen** **1** und **charakteristischen Bildern** **2** ▶ in das Rahmenthema „Geschichts- und Erinnerungskultur" ein.

◀ Orientierungsseiten

informieren überblicksartig über das Thema des **Pflichtmoduls**. Die Doppelseite umfasst ein **Auftaktbild** **1** ▶, eine **Chronologie** mit zentralen Daten und Fakten **2** ▶, **wichtige Begriffe** des Kapitelthemas **3** ▶, einen **Überblickstext** **4** ▶ und die **Kompetenzerwartungen** **5** ▶ des Lehrplans.

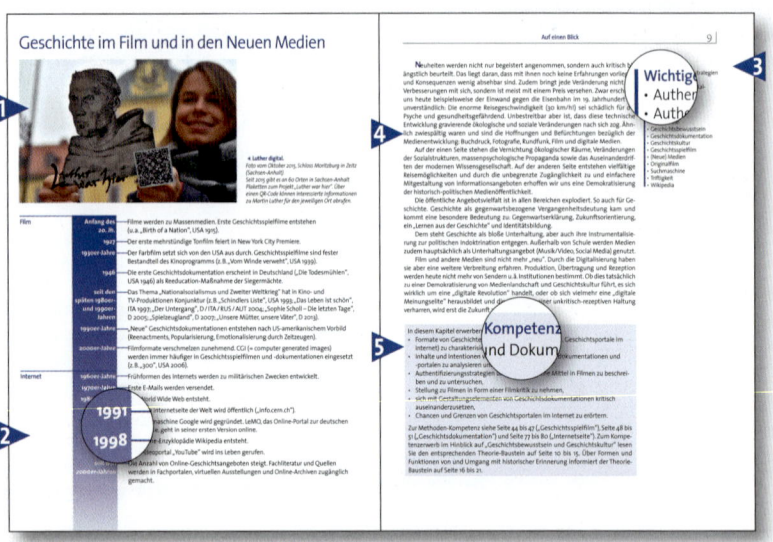

▶ Darstellungen/Verfassertexte

vermitteln ein Verständnis für historische Zusammenhänge und Strukturen. Sie sind mit den Materialien vernetzt (▶ M1).

Die Randspalte enthält **Begriffserläuterungen** **1** und **Internettipps** **2** . Um auf die Internettipps zuzugreifen, geben Sie bitte auf unserer Internetseite (www.ccbuchner.de) den im Buch genannten Code ein.

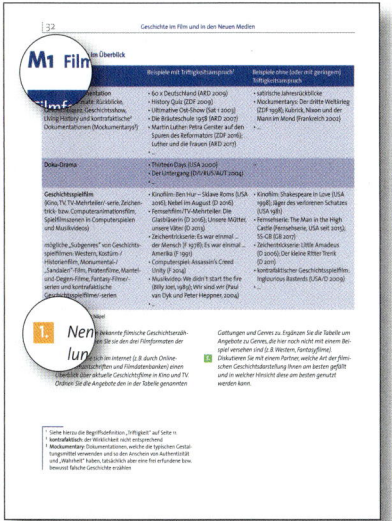

◀ Materialien

veranschaulichen und vertiefen einzelne Aspekte, stellen kontroverse Sichtweisen dar und berücksichtigen alle relevanten Gattungen.

◀ Arbeitsaufträge

sind farblich gekennzeichnet. Sie verwenden die **„Operatoren"** der drei Anforderungsbereiche des Zentralabiturs. Themen-, modul- und semesterübergreifende Aufgaben sowie weitere kompetenzorientierte Arbeitsvorschläge sind zusätzlich ausgewiesen. Siehe hierzu ausführlich die Angaben auf Seite 84 f.

▶ Theorie-Bausteine

behandeln exemplarisch **historische Theorien und Erklärungsmodelle** und vernetzen die Module durch Querverweise und Arbeitsvorschläge miteinander.

▶▶ Methoden-Bausteine

erläutern spezifische **historische Arbeitstechniken** an einem konkreten Beispiel. Ergänzt wird dies hinten im Buch durch eine Übersicht **Methoden wissenschaftlichen Arbeitens** (siehe Seite 82 f.).

◀◀ Kompetenzen testen

Mit einem **Rätsel** ❶ und **handlungsorientierten Arbeitsaufträgen** ❷ lassen sich die angeeigneten **Kompetenzen** testen. Eine Abbildung zur **Geschichts- und Erinnerungskultur** ❸ rundet die Seite ab.

◀ Probeklausur

Mithilfe der Klausur kann das erworbene **Wissen zum Rahmenthema** angewendet und überprüft werden. Praktische **Hinweise zur Bearbeitung von Klausuren** stehen auf Seite 86.

Geschichts- und Erinnerungskultur

- Was macht Geschichtsformate wie Spielfilme, Dokumentarfilme und Geschichtsportale im Internet aus?
- Welche Funktionen erfüllen sie?
- Wie ist mit diesen Formaten von Geschichte sinnvoll umzugehen?

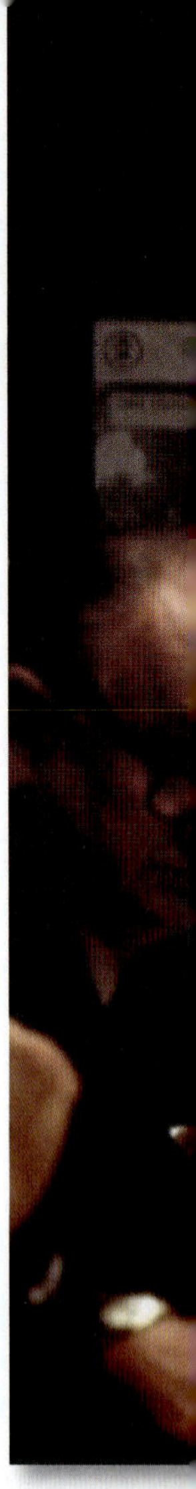

Geschichte im Film und in den Neuen Medien

◄ **Luther digital.**
Foto vom Oktober 2015, Schloss Moritzburg in Zeitz (Sachsen-Anhalt).
Seit 2015 gibt es an 60 Orten in Sachsen-Anhalt Plaketten zum Projekt „Luther war hier". Über einen QR-Code können Interessierte Informationen zu Martin Luther für den jeweiligen Ort abrufen.

Film	**Anfang des 20. Jh.**	Filme werden zu Massenmedien. Erste Geschichtsspielfilme entstehen (u.a. „Birth of a Nation", USA 1915).
	1927	Der erste mehrstündige Tonfilm feiert in New York City Premiere.
	1930er-Jahre	Der Farbfilm setzt sich von den USA aus durch. Geschichtsspielfilme sind fester Bestandteil des Kinoprogramms (z. B. „Vom Winde verweht", USA 1939).
	1946	Die erste Geschichtsdokumentation erscheint in Deutschland („Die Todesmühlen", USA 1946) als Reeducation-Maßnahme der Siegermächte.
	seit den späten 1980er- und 1990er-Jahren	Das Thema „Nationalsozialismus und Zweiter Weltkrieg" hat in Kino- und TV-Produktionen Konjunktur (z. B. „Schindlers Liste", USA 1993; „Das Leben ist schön", ITA 1997; „Der Untergang", D / ITA / RUS / AUT 2004; „Sophie Scholl – Die letzten Tage", D 2005; „Spielzeugland", D 2007; „Unsere Mütter, unsere Väter", D 2013).
	1990er-Jahre	„Neue" Geschichtsdokumentationen entstehen nach US-amerikanischem Vorbild (Reenactments, Popularisierung, Emotionalisierung durch Zeitzeugen).
	2000er-Jahre	Filmformate verschmelzen zunehmend. CGI (= computer generated images) werden immer häufiger in Geschichtsspielfilmen und -dokumentationen eingesetzt (z. B. „300", USA 2006).
Internet	**1960er-Jahre**	Frühformen des Internets werden zu militärischen Zwecken entwickelt.
	1970er-Jahre	Erste E-Mails werden versendet.
	1980er-Jahre	Das World Wide Web entsteht.
	1991	Die erste Internetseite der Welt wird öffentlich („info.cern.ch").
	1998	Die Suchmaschine Google wird gegründet. LeMO, das Online-Portal zur deutschen Geschichte, geht in seiner ersten Version online.
	2001	Die Online-Enzyklopädie Wikipedia entsteht.
	2005	Das Videoportal „YouTube" wird ins Leben gerufen.
	seit den 2000er-Jahren	Die Anzahl von Online-Geschichtsangeboten steigt. Fachliteratur und Quellen werden in Fachportalen, virtuellen Ausstellungen und Online-Archiven zugänglich gemacht.

Neuheiten werden nicht nur begeistert angenommen, sondern auch kritisch bis ängstlich beurteilt. Das liegt daran, dass mit ihnen noch keine Erfahrungen vorliegen und Konsequenzen wenig absehbar sind. Zudem bringt jede Veränderung nicht nur Verbesserungen mit sich, sondern ist meist mit einem Preis versehen. Zwar erscheint uns heute beispielsweise der Einwand gegen die Eisenbahn im 19. Jahrhundert als unverständlich: Die enorme Reisegeschwindigkeit (30 km/h!) sei schädlich für die Psyche und gesundheitsgefährdend. Unbestreitbar aber ist, dass diese technische Entwicklung gravierende ökologische und soziale Veränderungen nach sich zog. Ähnlich zwiespältig waren und sind die Hoffnungen und Befürchtungen bezüglich der Medienentwicklung: Buchdruck, Fotografie, Rundfunk, Film und digitale Medien.

Auf der einen Seite stehen die Vernichtung ökologischer Räume, Veränderungen der Sozialstrukturen, massenpsychologische Propaganda sowie das Auseinanderdriften der modernen Wissensgesellschaft. Auf der anderen Seite entstehen vielfältige Reisemöglichkeiten und durch die unbegrenzte Zugänglichkeit zu und einfachere Mitgestaltung von Informationsangeboten erhoffen wir uns eine Demokratisierung der historisch-politischen Medienöffentlichkeit.

Die öffentliche Angebotsvielfalt ist in allen Bereichen explodiert. So auch für Geschichte. Geschichte als gegenwartsbezogene Vergangenheitsdeutung kam und kommt eine besondere Bedeutung zu: Gegenwartserklärung, Zukunftsorientierung, ein „Lernen aus der Geschichte" und Identitätsbildung.

Dem steht Geschichte als bloße Unterhaltung, aber auch ihre Instrumentalisierung zur politischen Indoktrination entgegen. Außerhalb von Schule werden Medien zudem hauptsächlich als Unterhaltungsangebot (Musik/Video, Social Media) genutzt.

Film und andere Medien sind nicht mehr „neu". Durch die Digitalisierung haben sie aber eine weitere Verbreitung erfahren. Produktion, Übertragung und Rezeption werden heute nicht mehr von Sendern u.ä. Institutionen bestimmt. Ob dies tatsächlich zu einer Demokratisierung von Medienlandschaft und Geschichtskultur führt, es sich wirklich um eine „digitale Revolution" handelt, oder ob sich vielmehr eine „digitale Meinungselite" herausbildet und die meisten in einer unkritisch-rezeptiven Haltung verharren, wird erst die Zukunft zeigen.

Wichtige Begriffe
- Authentifizierungsstrategien
- Authentizität
- Digital Literacy (Digital-kompetenz)
- Digital Native
- Fachportal
- Filmdokument
- Filmsprache
- Geschichtsbewusstsein
- Geschichtsdokumentation
- Geschichtskultur
- Geschichtsspielfilm
- (Neue) Medien
- Originalfilm
- Suchmaschine
- Triftigkeit
- Wikipedia

In diesem Kapitel erwerben Sie die **Kompetenz**,
- Formate von Geschichte (Spiel- und Dokumentarfilme, Geschichtsportale im Internet) zu charakterisieren,
- Inhalte und Intentionen von Geschichtsspielfilmen, -dokumentationen und -portalen zu analysieren und zu dekonstruieren,
- Authentifizierungsstrategien und filmsprachliche Mittel in Filmen zu beschreiben und zu untersuchen,
- Stellung zu Filmen in Form einer Filmkritik zu nehmen,
- sich mit Gestaltungselementen von Geschichtsdokumentationen kritisch auseinanderzusetzen,
- Chancen und Grenzen von Geschichtsportalen im Internet zu erörtern.

Zur Methoden-Kompetenz siehe Seite 44 bis 47 („Geschichtsspielfilm"), Seite 48 bis 51 („Geschichtsdokumentation") und Seite 77 bis 80 („Internetseite"). Zum Kompetenzerwerb im Hinblick auf „Geschichtsbewusstsein und Geschichtskultur" lesen Sie den entsprechenden Theorie-Baustein auf Seite 10 bis 15. Über Formen und Funktionen von und Umgang mit historischer Erinnerung informiert der Theorie-Baustein auf Seite 16 bis 21.

Kompetenz:
Theoretische Vorstellungen über Bedingungen, Formen und Folgen von Geschichtsbewusstsein und Geschichtskultur benennen und erörtern

Was ist Geschichte?

Diese Frage mag auf den ersten Blick verwundern. Es scheint offensichtlich, dass „Geschichte" ein anderes Wort für „Vergangenheit" ist. Zwar bezeichnet „Geschichte" z. B. auch das Schul- und Studienfach, aber im allgemeinen Sprachgebrauch wird der Begriff weitgehend synonym mit „Vergangenheit" verwendet. Geschichtswissenschaft und -didaktik gebrauchen den Begriff allerdings differenzierter, was weitreichende Konsequenzen für den Umgang mit „Geschichte" hat.

Wissenschaftlich betrachtet bezeichnet „Vergangenheit" sämtliches früheres Geschehen. Dies ist jedoch nie vollständig rekonstruierbar. Zum einen wäre es vom Umfang her schon nicht leistbar, wollte man jedes Ereignis aus all den damaligen Perspektiven in jedem Detail recherchieren und „getreu" wieder abbilden. Denn selbst wenn sämtliche zeitgenössischen Wahrnehmungen festgehalten worden und alle schriftlichen, mündlichen und visuellen Äußerungen jedes Zeitgenossen überliefert wären, könnte man sie schon aus Zeitgründen nicht insgesamt erforschen. Zum anderen liegen eben nicht für alle Perspektiven bzw. von allen Beteiligten, zu allen Details, zu jedem Ereignis überhaupt Quellen vor oder sind noch erhalten. Vieles wird nicht aufbewahrt (archiviert), wenn es zur Zeit des Ereignisses als nicht erinnerungs- und bewahrwürdig erscheint. Andere Quellen sind im Lauf der Zeit verloren gegangen oder vernichtet worden.

Während wir also zu manchen Aspekten, wie den Ereignissen seit der Frühen Neuzeit, ein fast unüberschaubares Quellenangebot haben, sind viele andere Bereiche nur über wenige noch erhaltene Quellen erschließbar, was vor allem für die Antike und das Mittelalter gilt. Manches ist zudem nur indirekt über die Zeugnisse anderer noch rekonstruierbar, vieles bleibt letztlich aber verschwunden.

Wie entsteht Geschichte?

„Geschichte" entsteht erst in der Auseinandersetzung mit „Vergangenheit". Die Geschichtswissenschaft hat hierfür ein Verfahren entwickelt, dass eine möglichst verlässliche und nachprüfbare Rekonstruktion und Deutung ermöglichen soll: die *historische Methode*. Der Erkenntnisprozess bezieht sich auf unterschiedliche (Zeit-)Ebenen: Angefangen von der Entwicklung einer historischen Frage, über die Recherche nach und Auswertung von Fachliteratur und Quellen bis hin zur deutenden, meist auf die eigene Gegenwart bezogene Geschichtsdarstellung, die sich der wissenschaftlichen Kritik stellen muss (▶ M1).

„Geschichte" wird von der Gegenwart rückblickend aus dem gemacht, was aus der Vergangenheit noch verfügbar ist, den Quellen. Diese sind Ausdruck zeitgenössischer Wahrnehmungen und Deutungen der damaligen Menschen (*Multiperspektivität*). Geschichte ist daher kein Spiegel vergangener Realität, sondern vielmehr ein – wenn auch wissenschaftsorientiertes – Interpretationsergebnis. Aus diesem Grund erhebt die Geschichtswissenschaft keinen absoluten Wahrheitsanspruch (▶ M2). Das lässt sich auch daran erkennen, dass Historiker auf Grundlage derselben Quellen häufiger zu unterschiedlichen Erkenntnissen gelangen. Sei es, dass sie die zeitgenössischen Perspektiven, Auswirkungen oder Gründe bestimmter Ereignisse nur unterschiedlich gewichten (*Pluralität*) oder dass sie sogar zu gegensätzlichen Erklärungsmodellen gelangen (*Kontroversität*).

Kontroversen werden dann öffentlich diskutiert, wenn anlässlich von Jubiläen und Jahrestagen oder ausgelöst von aktuellen Entwicklungen vergangene Ereignisse in den Fokus des allgemeinen Interesses rücken, jüngst z. B. die Diskussion um die Frage der deutschen Schuld am „Ausbruch" des Ersten Weltkrieges oder aktuell auch in der Beurteilung der Person Martin Luthers.[1]

---

[1] Siehe hierzu Seite 52 f.

Es handelt sich bei Geschichte zwar um Deutungen und Interpretationen, beliebig sind die Ergebnisse dennoch nicht. Zumindest nicht, wenn sie Gültigkeit beanspruchen wollen. Nicht jeder kann sich seine ganz eigene „Geschichte" machen. Die Ergebnisse werden diskutiert und geprüft und erst wenn sich herausstellt, dass die Deutung im Einklang mit den zur Verfügung stehenden Quellen ist, die Argumentation schlüssig ist und die historische Methode korrekt angewendet wurde, akzeptiert die Wissenschaftsgemeinschaft solche Ergebnisse als konsensfähig, als triftig.

In der Freizeit lässt sich der wissenschaftliche Anspruch nicht immer eigentätig umsetzen. Daher greifen viele vor allem in ihrer freizeitlichen Beschäftigung mit Vergangenheit auf bereits fertige Geschichtsangebote zurück, die – je nach Wissenschaftlichkeit – zu mehr oder weniger triftigen Geschichtsbildern, also Vorstellungen über die Vergangenheit, führen können. Eine Schwierigkeit besteht darin, aus der Fülle der Angebote diejenigen herauszufiltern, die tatsächlich auf Quellen und dem aktuellen Forschungsstand beruhen, und sie von denjenigen zu unterscheiden, die Wissenschaftlichkeit bloß behaupten und dabei „Geschichte" bewusst oder unabsichtlich falsch oder mit politischen Absichten darstellen.[1]

Wieso Geschichtsbewusstsein?

In der Diskussion über Vergangenheit und Geschichte sollten drei Bezeichnungen unterschieden werden, die häufig synonym verwendet werden, aber wichtige Unterscheidungen beinhalten: *Geschichtswissen*, *Geschichtsbild* und *Geschichtsbewusstsein*. Unter Geschichtswissen ist die Kenntnis der Daten und Fakten der Vergangenheit und der verschiedenen aktuellen Deutungszuweisungen zu verstehen, über die ein Mensch verfügt. Häufig erscheint gerade das Fach Geschichte als langweilig, weil es als bloße Faktenpaukerei missverstanden wird. Ein Grundwissensgerüst ist sicher unersetzlich, weil ohne die Kenntnis der wesentlichen Fakten eine Orientierung und Beurteilung von Geschichtsangeboten auf ihre fachliche Korrektheit hin nicht möglich ist. Geschichtsunterricht erschöpft sich aber nicht in der Aneignung von Faktenwissen. Vielmehr hat er das Ziel, eigene und fremde *Geschichtsbilder* zu reflektieren und zu hinterfragen. „Geschichtsbild" meint hier die Vorstellungen von Menschen über eine Zeit. Sehr häufig sind diese eher klischeehaft und wissenschaftlich nicht haltbar, so z. B. das gängige Klischee des dekadenten alten Roms oder des finsteren Mittelalters. Um eigene und fremde Geschichtsbilder als potenziell falsch anzuerkennen bedarf es nicht nur der Faktenkenntnis. Gerade die genannten klischeehaften Vorstellungen lassen sich durchaus auf Quellen zurückführen, zumindest so lange man diese nicht kritisch untersucht. Es bedarf aber vielmehr der Entwicklung eines *Geschichtsbewusstseins*, um reflektiert und konstruktiv mit derartigen eigenen und fremden Vorstellungen umzugehen.

◀ **Abbau des Lenin-Denkmals.** *Foto von 1991, Berlin. Arbeiter montieren das 18 Meter hohe Denkmal von Wladimir Iljitsch Lenin, russischer Revolutionär und Gründer der Sowjetunion, im Ost-Berliner Bezirk Friedrichshain ab.*

triftig → Triftigkeit: Der historische Erkenntnisprozess beruht auf der Rekonstruktion von Ereignissen und Personen (Sachanalyse). Durch einen Quellenvergleich wird versucht herauszufinden, wie vergangene Ereignisse von den Zeitgenossen (vermutlich) wahrgenommen wurden, warum sie wie gehandelt bzw. nicht gehandelt haben. Diese Beurteilung berücksichtigt die zeitgenössischen Wert- und Weltvorstellungen (Sachurteil). Auf dieser Grundlage und einer entsprechenden Deutung und Gewichtung werden kausale Zusammenhänge gebildet. Die Vergangenheit wird dann nach heutigen Maßstäben beurteilt, Gegenwartsbezüge werden hergestellt und Perspektiven für die Zukunft entwickelt (Werturteil). Erfolgt dies nach den Gesetzen der Logik und der wissenschaftlichen Methode, spricht man von Triftigkeit.

---

[1] Lesen Sie dazu auch den Theorie-Baustein auf Seite 16 bis 21.

Über „Geschichte" kann man sich auf unterschiedlichen Ebenen bewusst werden: Zunächst einmal kann sich ein Mensch darüber klar werden, dass es so etwas wie Vergangenheit / Geschichte gibt, dass die menschliche Entwicklung, unsere Erkenntnisse, Haltungen und Werte Veränderungen unterworfen waren, sind und sein werden. Er weiß, dass Geschichte unterschiedliche, gegenwartsbezogene und zukunftgerichtete Bedürfnisse befriedigen und unterschiedliche Funktionen haben kann.[1] Auf einer abstrakteren Ebene begreift der Mensch aber auch, dass Geschichte nicht mit Vergangenheit gleichzusetzen ist. Ihm ist also der *Konstruktionscharakter von Geschichte* bewusst. Auf der höchsten Stufe nutzt er diese Erkenntnis, um entweder selbst triftig Geschichte aus den Quellen zu deuten oder um sich mit Geschichtsangeboten anderer kritisch auseinanderzusetzen. Letzten Endes ist dies der Beitrag, den das Fach Geschichte leistet: zu einem kritischen Bewusstsein und einer verantwortungsvollen Teilhabe und Mitgestaltung unserer demokratischen Gesellschaft zu befähigen.

▶ **Ein heikler Besuch.**
Foto vom 5. Mai 1985, Bitburg (Rheinland-Pfalz).
US-General Matthew Ridgeway, US-Präsident Ronald Reagan, Bundeskanzler Helmut Kohl und der ehemalige Luftwaffeninspekteur der Bundeswehr, Johannes Steinhoff, besuchten im Mai 1985 den Militärfriedhof in Bitburg. Reagan legte auf dem Friedhof einen Kranz am Ehrenmal für gefallene Soldaten des Zweiten Weltkrieges nieder.

■ *Recherchieren Sie im Internet den Hintergrund zu den abgebildeten Ereignissen auf den Fotos (diese und vorherige Seite).*
■ ✚ *Lesen Sie M4 auf Seite 15 aufmerksam durch. Ordnen Sie anschließend die beiden Ereignisse den Bereichen Geschichts- bzw. Erinnerungskultur zu.*
■ *Erläutern Sie die Unterschiede der beiden Konzepte an diesen Beispielen und ergänzen Sie sie um Ihnen bekannte weitere Ereignisse.*

Geschichtsbewusstsein und Geschichtskultur

Ganz allgemein gesprochen meint ein reflektiertes *Geschichtsbewusstsein* die Erkenntnis, dass aus gegenwartsbezogenen Interessen und Fragestellungen durch die Hinwendung zur Vergangenheit Geschichte so konstruiert wird, dass sie sinnstiftend für Gegenwart und Zukunft wird.
Damit wird aber auch deutlich, dass dieses Geschichtsbewusstsein einen Prozess und das Ergebnis einer individuellen Geistesleistung darstellt. Wenn Geschichtsdidaktiker wie beispielsweise *Karl-Ernst Jeismann* oder *Jörn Rüsen* dann vom „Geschichtsbewusstsein in der Gesellschaft" sprechen, bleibt zu fragen, wie sich so ein „kollektives Geschichtsbewusstsein" herausbildet.
Der Geschichtsdidaktiker *Bernd Schönemann* erklärt Geschichtsbewusstsein als zwei Seiten einer Medaille. Er geht davon aus, dass sich ein Geschichtsbewusstsein nur individuell entwickeln lässt (innere Seite), es aber durch Kommunikation im öffentlichen Raum auch eine äußere Seite erhält. Diese „öffentlichen Geschichtsäußerungen" werden als *Geschichtskultur* bezeichnet (▶ M3).
Parallel hierzu steht das Konzept des kulturellen, des kommunikativen und des kollektiven Gedächtnisses, das *Jan* und *Aleida Assmann* auf der Grundlage der Forschungen des französischen Philosophen und Soziologen *Maurice Halbwachs* entwickelt haben (▶ M4).

[1] Darüber informiert auch der Theorie-Baustein auf Seite 16 bis 21.

M1 Historische Erkenntnis

Die Geschichtsdidaktikerin Saskia Handro hat ein Modell entwickelt, das den Prozess der historischen Erkenntnis abbildet:

Verstehen (Hermeneutik) als gegenwartsgebundener Deutungsakt	Strategien historischen Denkens ⟷		Erklärung (Analytik) als Anwendung fachspezifischer Theorien, Konzepte und Begriffe
Historische Methode			
Heuristik Erkenntnisinitiation und Recherche	**Quellenkritik** Erkenntnisproduktion und methodische Reflexion	**Interpretation** Erkenntnisstrukturierung und Sinnbildung	**Darstellung** Erkenntnispräsentation und -reflexion
Historische Fragen formulieren; Vorwissen darstellen, Hypothesen formulieren; Darstellungen und Quellen recherchieren	Formale und inhaltliche Struktur analysieren • Gattungsmerkmale, situativer Kontext benennen, beschreiben und beurteilen von Quellenaussagen (Perspektivität, Intention, Analyse sprachlicher Mittel)	Quellen- und Darstellungsaussagen in Bezug auf historische Frage u.a. • beurteilen, vergleichen • kausale, temporale Zusammenhänge, Motive erklären, • Theorien, Fachbegriffe anwenden, • Triftigkeiten benennen	Historisches Erzählen: adressaten-, gattungs- und situationsgerecht (als u.a. Vortrag, Zeitungsartikel); Historische Sach- und Werturteile erklären und begründen: in Bezug auf Triftigkeit, Theorien, Werte, Normen; Historische Deutungen und Werturteile diskutieren, argumentieren, erörtern
Narrativieren als historischer Sinnbildungs- und Erkenntnisprozess		**Historische Narrationen im Diskursprozess**	

Epistemische Funktion rezeptiven und produktiven Sprachhandelns (linke Randbeschriftung)

Nach: Saskia Handro, Sprachbilder im Geschichtsunterricht, in: Christian Kuchler, Katharina Grannemann und Sven Oleschko (Hrsg.), Sprachbildung im Geschichtsunterricht (Arbeitstitel), Münster (ohne Seitenangabe, Druck in Vorbereitung)

1. Markieren Sie Ihnen unbekannte Begriffe und schlagen Sie ihre Bedeutung in einem Wörterbuch oder Online-Lexikon nach.
2. Erklären Sie ausgehend vom Schaubild, wieso es sich beim historischen Denken um einen Prozess handelt.
3. Erläutern Sie, welche Schritte des Schaubildes im Geschichtsunterricht vollzogen werden. Nennen Sie Beispiele aus Ihrem Schulbuch, mit denen diese Schritte vollzogen werden.
4. Diskutieren Sie, wieso es wichtig ist, „historisch zu denken", anstatt nur Faktenwissen zu lernen.

M2 Objektivität und Geschichte

Der Geschichtsdidaktiker Karl-Ernst Jeismann hat mit seinem Konzept vom Geschichtsbewusstsein maßgeblich die Geschichtsdidaktik beeinflusst. In einem Vortrag erklärt er, was unter „Objektivität von Geschichte" zu verstehen ist:

Wenn wir von Geschichte reden, handelt es sich nicht um die reale, vergangene Geschichte, sondern immer nur um eine spätere Rekonstruktion von Vergangenheiten aus häufig unvollständigen und dunklen Zeugnissen, um ein vieldeutiges, mehrdimensionales Puzzle, immer wieder umgebaut und ⁵ neugestaltet je nach Zuwachs oder Verlust von Erkenntnis, aber auch je nach unterschiedlicher Perspektive und Erfahrung. Um die ganze Wahrheit der Geschichte können wir nicht streiten, nur um die Richtigkeit oder die Triftigkeit bestimmter Rekonstruktionen. In Urteil und Wertung beziehen ¹⁰ wir Geschichte auf uns selbst; nur so, nicht in der bloßen Reihung von Fakten, entsteht in Öffentlichkeit und Wissenschaft Interesse an der Geschichte. Von anderen Erfahrungen und Positionen her gesehen, sieht die gleiche Geschichte anders aus, ohne dass sie verfälscht sein muss. Schaut man ¹⁵

so hinter die Geschichten, kann man lernen, dass keine für sich das absolute Recht auf Alleingültigkeit beanspruchen und andere Wertungen verdammen oder als schlechthin falsch bezeichnen darf. Daraus wiederum ist zu folgern, dass
20 unterschiedliche oder kontroverse Geschichtsrekonstruktionen miteinander in Verbindung gesetzt, aneinander gemessen werden können und müssen. Das ergibt kein einheitliches Geschichtsbild, ist aber ein Weg zu einer Verständigung über verschiedene, jeweils in ihrer Weise begrenzt richtige
25 Vorstellungen von der Geschichte. Dies ist die Art, wie „Objektivität" denkbar wird, als „Konsensobjektivität" des Abwägens verschiedener Perspektiven und Urteile. Wir verlangen sachliche und methodische Solidität – Richtigkeit –, maßen uns aber nicht den Besitz alleingültiger Maßstäbe und Urteile an.
30 Das führt zu einem unabschließbaren Diskurs um Geschichte im Austausch der Argumente: das – und nicht das Wahrheitsmonopol – ist der von der Wissenschaft der Öffentlichkeit anzubietende Umgang mit Geschichte. Er ist schwer. Gelingt aber eine solche Verständigung, wird nicht nur unser Ge-
35 schichtsbild reicher und vielfältiger, sondern auch das Verständnis des anderen in der Gegenwart vertieft. Geschichte muss dann nicht Barriere zwischen Parteien oder Völkern sein, das legitime Identifikationsbedürfnis ist nicht auf die Konstruktion von Feindbildern angewiesen, und die oft so
40 vordergründigen Argumentationen mit Geschichte zu gegenwärtigen Zwecken werden leichter durchschaubar. Das ist es, was Geschichtswissenschaft als Besinnung auf die Art und Weise, wie uns die Vergangenheit überhaupt zur Verfügung steht, der Öffentlichkeit bieten kann: Geschichtsbe-
45 wusstsein statt Geschichtsbegehren, Nachdenklichkeit statt selbstgerechter Bestätigung. Das ist zugleich ein Beitrag zu vernünftigem Miteinander in modernen Gesellschaften und zwischen den Völkern und Staaten.

Karl-Ernst Jeismann, Geschichte und Öffentlichkeit. Historie zwischen Vergewisserung und Verführung, herausgegeben vom Landschaftsverband Osnabrücker Land e.V., Bad Iburg 1999, S. 33 f.

1. *Klären Sie unbekannte Begriffe im Text.*
2. *Fassen Sie die wichtigsten Aussagen zusammen.*
3. *Erklären Sie, was Jeismann unter „Konsensobjektivität" (Zeile 26) versteht.*
4. *Markieren Sie Wortzusammensetzungen, die sich auf „Geschichte" beziehen. Erstellen Sie eine Tabelle oder Liste, in der Sie diese Begriffe erklären.*
5. *Jeismann verwendet den Begriff „Geschichte" auch dann, wenn er „Vergangenheit" meint. Erläutern Sie den Unterschied zwischen diesen Begriffen. Beurteilen Sie anschließend, ob es nicht anstatt „Geschichtsrekonstruktionen" besser „Vergangenheitsrekonstruktionen" heißen müsste.*

M3   Geschichtsbewusstsein und Geschichtskultur: zwei Seiten einer Medaille?

Der Geschichtsdidaktiker Bernd Schönemann beschreibt das Verhältnis von innerer (individueller) und äußerer (kollektiver) Seite des Geschichtsbewusstseins wie folgt:

Die Kategorien Geschichtsbewusstsein und Geschichtskultur lassen sich widerspruchsfrei unter dem „Dach" der Zentralkategorie „Geschichtsbewusstsein in der Gesellschaft" ansiedeln, wenn man akzeptiert, dass Gesellschaften ihre Vergangenheit auf zweierlei Weise (bimodal) konstruieren, nämlich 5 individuell und kollektiv. Geschichtsbewusstsein und Geschichtskultur werden dann als zwei Seiten einer Medaille begreifbar: auf der einen Seite Geschichtsbewusstsein als *individuelles* Konstrukt, das sich von außen nach innen, in Internalisierungs- und Sozialisationsprozessen aufbaut; auf 10 der anderen Seite Geschichtskultur als *kollektives* Konstrukt, das auf dem entgegengesetzten Weg der Externalisierung entsteht und objektive[1] Gestalt annimmt.

Wer nach Geschichtskultur fragt, der richtet seinen Blick also vornehmlich auf die Außenseite des gesellschaftlichen Ge- 15 schichtsbewusstseins, wie es uns beispielsweise in Denkmälern, in historischen Festen und Jubiläen oder in Museen entgegentritt. Denkmäler sind „da", auch wenn der Einzelne achtlos an ihnen vorbeigeht oder sie für ganz andere Zwecke, etwa als Treff- oder Aussichtspunkt, nutzt. Feste und Jubiläen 20 werden nicht gefeiert, weil wir uns, jeder für sich, dafür entschlössen, sondern weil der Kalender und der auf ihn fixierte Erinnerungsbetrieb dies so wollen; unsere Museumslandschaft wird immer vielfältiger, obwohl die Mehrheit der Bevölkerung ihr immer noch fremd gegenübersteht. Gewiss: 25 Denkmäler können geschleift, Feiertage abgeschafft, Museen geschlossen werden. Aber *solange* sie existieren, existieren sie unabhängig von unserem subjektiven Wollen und unserer persönlichen Wahrnehmung; sie weisen einen höheren Grad an Dauerhaftigkeit auf und sind beständiger als die histori- 30 schen Vorstellungswelten Einzelner.

Bernd Schönemann, Geschichtsdidaktik, Geschichtskultur, Geschichtswissenschaft, in: Hilke Günther-Arndt (Hrsg.), Geschichts-Didaktik. Praxishandbuch für die Sekundarstufe I und II, Berlin 2003, S. 11-22, hier S. 17

1. *Fassen Sie zusammen, wie individuelles und kollektives Geschichtsbewusstsein entsteht.*
2. *Geben Sie Beispiele für die „äußere Seite" des Geschichtsbewusstseins aus dem Text wieder und ergänzen Sie weitere Beispiele, die Sie aus eigener Anschauung kennen.*
3. *Diskutieren Sie, wer auf welche Weise ganz konkret das kollektive Geschichtsbewusstsein prägt. Argumentieren Sie mithilfe von selbstgewählten Beispielen.*

M4 Geschichts- und Erinnerungskultur

Der Historiker Christoph Cornelißen erörtert in einem Online-Aufsatz ausgehend von den Konzepten von Jan und Aleida Assmann die Gemeinsamkeiten und Unterschiede von Geschichts- und Erinnerungskultur:

Obwohl der Begriff „Erinnerungskultur" erst seit den 1990er-Jahren Einzug in die Wissenschaftssprache gefunden hat, ist er inzwischen ein Leitbegriff der modernen Kulturgeschichtsforschung. Während er in einem engen Begriffsverständnis
5 als lockerer Sammelbegriff „für die Gesamtheit des nicht spezifisch wissenschaftlichen Gebrauchs der Geschichte in der Öffentlichkeit – mit den verschiedensten Mitteln und für die verschiedensten Zwecke" definiert wird, erscheint es aufgrund der Forschungsentwicklung der vergangenen zwei
10 Jahrzehnte insgesamt sinnvoller, „Erinnerungskultur" als einen formalen Oberbegriff für alle denkbaren Formen der bewussten Erinnerung an historische Ereignisse, Persönlichkeiten und Prozesse zu verstehen, seien sie ästhetischer, politischer oder kognitiver Natur. Der Begriff umschließt mithin
15 neben Formen des ahistorischen oder sogar antihistorischen kollektiven Gedächtnisses alle anderen Repräsentationsmodi von Geschichte, darunter den geschichtswissenschaftlichen Diskurs sowie die nur „privaten" Erinnerungen, jedenfalls soweit sie in der Öffentlichkeit Spuren hinterlassen haben.
20 Als Träger dieser Kultur treten Individuen, soziale Gruppen oder sogar Nationen in Erscheinung, teilweise in Übereinstimmung miteinander, teilweise aber auch in einem konfliktreichen Gegeneinander.
Versteht man den Begriff in diesem weiten Sinn, so ist er
25 synonym mit dem Konzept der Geschichtskultur, aber er hebt stärker als dieses auf das Moment des funktionalen Gebrauchs der Vergangenheit für gegenwärtige Zwecke, für die Formierung einer historisch begründeten Identität ab. Sehr deutlich wird dies in den untergeordneten Begriffen der Er-
30 innerungs-, Vergangenheits- oder Geschichtspolitik. Weiterhin signalisiert der Terminus Erinnerungskultur, dass alle Formen der Aneignung erinnerter Vergangenheit als gleichberechtigt betrachtet werden. Folglich werden Textsorten aller Art, Bilder und Fotos, Denkmäler, Bauten, Feste, sowie
35 symbolische und mythische Ausdrucksformen, aber auch gedankliche Ordnungen insoweit als Gegenstand der Erinnerungskulturgeschichte begriffen, als sie einen Beitrag zur Formierung kulturell begründeter Selbstbilder leisten. [...] [Die Diskussion der letzten Jahre konzentriert sich] vor allem
40 auf zwei weitere Schlüsselbegriffe. Hierbei handelt es sich zum einen um das „kommunikative" sowie zum anderen um das „kulturelle" Gedächtnis. Der erstgenannte Terminus bezieht sich auf die Erinnerung an tatsächliche beziehungsweise mündlich tradierte Erfahrungen, die Einzelne oder Gruppen von Menschen gemacht haben. Im Fall des kommu-
45 nikativen Gedächtnisses ist die Rede von einem gesellschaftlichen „Kurzzeitgedächtnis", dem in der Regel maximal drei aufeinanderfolgende Generationen zuzurechnen sind, die zusammen eine „Erfahrungs-, Erinnerungs- und Erzählgemeinschaft" bilden können. Während diese im unaufhörli-
50 chen Rhythmus der Generationenabfolgen meist leise und unmerklich vergeht, wird das „kulturelle Gedächtnis" als ein epochenübergreifendes Konstrukt verstanden. Im Allgemeinen wird damit der in jeder Gesellschaft und jeder Epoche eigentümliche Bestand an Wiedergebrauchs-Texten, -Bildern
55 und -Riten bezeichnet, „in deren ‚Pflege' sie ihr Selbstbild stabilisiert und vermittelt". Es ist „ein kollektiv geteiltes Wissen vorzugsweise (aber nicht ausschließlich) über die Vergangenheit, auf das eine Gruppe ihr Bewusstsein von Eigenheit und Eigenart stützt".
60

Nach: https://docupedia.de/zg/Erinnerungskulturen_Version_2.0_ Christoph_Corneli%C3%9Fen (Zugriff: 28. April 2017; die Einzelnachweise wurden im Text entfernt)

1. *Definieren Sie ausgehend vom Text folgende Begriffe: Erinnerungskultur, kommunikatives und kulturelles Gedächtnis.*
2. *Erklären Sie „kollektives Gedächtnis".*
3. *Diskutieren Sie, inwiefern es bedeutsam ist, zwischen Geschichts- und Erinnerungskultur zu unterscheiden.*

---
[1] M3, Zeile 13: gemeint ist hier „materielle"

Geschichte ist überall?

„Vergangenheit" und „Geschichte" sind in unserer Gesellschaft unübersehbar. Alte Burgen, Schlösser, Kirchen und Rathäuser, Denkmäler und andere bauliche und gegenständliche Zeugnisse der Vergangenheit sind in unserem Alltag präsent. Schon in der Kindheit werden wir mit „Geschichte" konfrontiert: Durch Spielzeug, wie Lego-Ritter, durch Zeichentrickserien, historische Kinderbücher, Comics und Filme. Auch wenn diese Angebote nur selten wissenschaftlichen Ansprüchen genügen – das ist nicht ihr Ziel oder ihre Aufgabe – schaffen sie doch erste Berührungspunkte mit der Geschichtskultur. Dies wurde seitens der Geschichtswissenschaft und -didaktik nicht immer nur als Chance begriffen, sondern auch kritisiert (▶ M1).

Im Schulfach Geschichte wird solchen Angeboten die wissenschaftsorientierte Beschäftigung mit Vergangenheit an die Seite gestellt. Zudem wird auch der Umgang mit geschichtskulturellen Angeboten thematisiert, nicht zuletzt weil diese wichtige Mittel sind, sich außerhalb von und nach der Schulzeit weiter mit Geschichte zu befassen.

▲ **Rattenfänger-Freilichtspiele in Hameln.**
Foto von 2005.
Der Rattenfänger, hier gespielt von Jürgen Rinne, lockt mit seinen Flötenklängen die „Ratten" an. Von Mitte Mai bis Mitte September führen jeden Sonntag rund 80 bis 100 Laienschauspieler die Rattenfängersage in der Innenstadt von Hameln auf.

Merkmale historischer Narrationen

„Geschichte" entsteht nicht durch die bloße Aneinanderreihung von Fakten und Ereignissen. Chroniken und andere chronologische Auflistungen sind daher keine „Geschichte" im eigentlichen Sinn. Erst die sinnvolle Verknüpfung zeitdifferenter Ereignisse machen aus derartigen Fakten und Zahlen „Geschichte" (*Sinnstiftung*). Als solche sind sie erzählend, narrativ. Geschichtserzählungen bzw. historische Narrationen unterscheiden sich von anderen Erzählformen durch bestimmte Merkmale. So lässt sich „Geschichte" nur im Rückblick konstruieren (*Retrospektivität*). Häufig stellt sich erst im Nachhinein heraus, dass ein Ereignis eine besondere Bedeutung hat oder in welchem Zusammenhang Ereignisse stehen. „Wir" blicken aus unserer Gegenwart in die Vergangenheit, kennen bereits den weiteren Verlauf und können daher solche Verknüpfungen herstellen. Dies ist auch ein grundlegender Unterschied zwischen Quellen, die zeitnah von den Zeitgenossen verfasst werden, und der nachträglichen Rekonstruktion und Deutung durch Historiker: Während der Zeitgenosse die Auswirkungen der Ereignisse nicht sicher vorhersagen, allenfalls vermuten oder befürchten kann, blickt der Historiker in Kenntnis möglicher Fortentwicklungen und Konsequenzen auf diese Zeit zurück.

Ein weiteres Merkmal historischer Narrationen ist die Intention des Verfassers. Hier sind unterschiedliche Sinnstiftungs- oder auch Erzählabsichten zu unterscheiden. In der Geschichtswissenschaft werden sie als traditionales, exemplarisches, genetisches oder kritisches Erzählen bezeichnet (▶ M2).

Historische Erzählungen „funktionieren" je nach Gattung ganz unterschiedlich (*Medialität*). So erzählt ein Geschichtsroman anders als eine Festrede oder eine Geschichtsdokumentation und dennoch wollen sie auf ihre je unterschiedliche Weise gesellschaftliche Geschichtsbedürfnisse befriedigen.

Formen von Geschichtskultur

Es ist vor allem die Aufgabe von Gedenkfeiern, Archiven und Museen, das „kulturelle Gedächtnis" aufzubauen, zu bewahren und der Öffentlichkeit zugänglich zu machen. Damit prägen sie das individuelle Geschichtsbewusstsein Einzelner und repräsentieren gleichzeitig Aspekte der kollektiven Geschichts- und Erinnerungskultur. Dass auch sie eine Auswahl der zu archivierenden und auszustellenden Quellen treffen müssen, ist nicht unproblematisch (▶ M3). Geschichtskulturelle Angebote bedienen ganz unterschiedliche Bedürfnisse. Vor allem, wenn sie sich an ein größeres Publikum richten oder im Unterhaltungssektor gegen andere Freizeitangebote behaupten wollen, tritt die Triftigkeit[1] der Darstellung häufig hinter unterhaltenden und dramatisierenden Elementen zurück. Fakten werden kreativ mit Fiktionen vermischt. Dies betrifft nicht nur Angebote wie Geschichtsspielfilme[2], -romane, -comics oder Brett- und Computerspiele historischen Inhalts. Auch andere Gattungen, die sich in ihrem Selbstverständnis wie auch in der öffentlichen Wahrnehmung als wissenschaftsorientiert verstehen, greifen zunehmend auf unterhaltende Elemente zurück. Das betrifft nicht nur Geschichtsdokumentationen[3], sondern auch Ausstellungen oder Reenactments wie Mittelaltermärkte, Ritterturniere oder Living History.[4]

Kritische Auseinandersetzung mit Geschichtsdarstellungen

Der Geschichtsdidaktiker *Hans-Jürgen Pandel* hat Bereiche definiert, die auf ihre Triftigkeit oder Authentizität untersucht werden können (▶ M4). Es bleibt dennoch schwierig, die „Korrektheit" der Darstellung zu überprüfen. Da den meisten Menschen nicht zuzumuten ist, sich in ihrer Freizeit den oft nur schwer verständlichen Forschungsstand zu erarbeiten, müssen andere Wege aufgezeigt werden. Das Internet bietet hierzu zahlreiche Hilfestellungen, wenngleich die Nutzung nicht unproblematisch oder einfach ist. Rezensionen zu Ausstellungen, Reaktionen auf Gedenkfeiern und Jubiläen oder populär-wissenschaftliche Fachbücher bzw. Geschichtsmagazine können dabei hilfreich sein. Wichtig ist zudem, die jeweiligen Angebote auf ihre Sinnstiftungsintention zu untersuchen. Dies gibt Hinweise darauf, ob es sich eher um geschlossene oder offene Darstellungen handelt. Das meint Darstellungen, die mit einem nicht zu hinterfragenden Wahrheitsanspruch auftreten, bzw. solche, die deutlich machen, dass sie das Ergebnis von Interpretationen sind, die kritisch überprüft und diskutiert werden sollen. Traditional intendierte Angebote entziehen sich z. B. in der Regel der Kritik und Überprüfung, weil es ihre Aufgabe ist, Traditionen zu begründen oder zu pflegen, und nicht, sie infrage zu stellen.

Grundsätzlich folgt eine kritische Auseinandersetzung mit Geschichtsdarstellungen dem aus dem Geschichtsunterricht bekannten kritischen Verfahren, das bei der Quellenanalyse angewendet wird: Wer erzählt wann wem wie was warum? Allein schon das Nachdenken darüber, was ein Film, eine Ausstellung oder ein Internetangebot mit der Darstellung bezwecken könnte, kann helfen, sich in kritische Distanz zum Dargestellten zu setzen. Im Idealfall wird hierdurch Neugier geweckt, die dazu führt, dass sich ein Betrachter näher mit der Thematik befasst.

---

[1] Über den Begriff „Triftigkeit" informiert Seite 11.
[2] Vgl. hierzu den Methoden-Baustein „Geschichtsspielfilm" auf Seite 44 bis 47.
[3] Siehe dazu den Methoden-Baustein „Geschichtsdokumentation" auf Seite 48 bis 51.
[4] Siehe die Abbildungen auf Seite 16 und 17.

▲ **Sehusafest.**
*Foto von 2014, Seesen.
Das Foto zeigt zwei Darsteller auf dem Sehusafest im niedersächsischen Seesen. Mit rund 1 000 Akteuren gilt es als größtes Historienfest Norddeutschlands. Das Sehusafest wird seit 1975 am ersten Wochenende im September aufgeführt und zeigt Szenen aus der Stadtgeschichte von Seesen.*

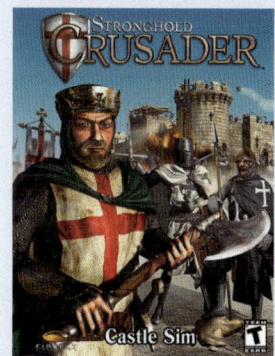

▲ **Cover des Computerspiels „Stronghold Crusader".**
In dem 2002 veröffentlichten Strategiespiel kann der Spieler in die Rolle eines christlichen oder muslimischen Fürsten zur Zeit der Kreuzzüge schlüpfen.

M1 Geschichte und Öffentlichkeit

Der Geschichtsdidaktiker Karl-Ernst Jeismann hält 1998 einen Vortrag, in dem er sich mit dem Verhältnis von Geschichte und Öffentlichkeit auseinandersetzt:

Überall ist Geschichte wieder präsent. Wie sich ein ausgetrockneter Schwamm vollsaugt, so füllt Historisches heute unsere Umwelt. Geschichte hat Marktwert bekommen. Wo es Anlässe gibt, bilden sich große und kleine Geschichts-
5 betriebe. Dies Phänomen einer neuen Geschichtsbegierde brachte eine Unzahl neuer Museen, die das Abgelöste in Erinnerung zu halten versuchen. [...] Ein museales Netz repräsentiert in der Öffentlichkeit Vergangenheit in vielfältiger Form. Geschichte wird zum Freizeitvergnügen. [...]
10 Und nun gar die Medien: Die Serien zum Zweiten Weltkrieg, zum Nationalsozialismus, aber auch zur frühen Bundesrepublik erfreuen sich großer Zuschauerzahl und intensiver Besprechungen in den Zeitungen; die Computerspiele mit historischen Themen schießen ins Kraut.
15 Schließlich die Denkmäler: Sie sind heute wieder ein ernstgenommenes Medium historischer Anreicherung der Umwelt. Und nun erst die Erinnerungsfeiern: Jeder Ort, der etwas auf sich hält, präsentiert seine Geschichte öffentlichkeitswirksam. [...]
20 Für jedermann ist die Vergangenheit ein Gegenstand der Neugierde auf dem Spektrum von Schaulust, Sentimentalität, Wissbegier, Nachdenklichkeit. Es wirkt die Faszination des zeitlich Fremden, in dessen Gewand man einmal schlüpfen möchte. [...]
25 Es demonstriert aber die Lust an der Geschichte, das spielerische Umgehen mit ihr und eine Annäherung durch Nachahmung. Ernsthafter, ohne die Nebenabsicht, sich selbst durch das Medium der Geschichte in Szene zu setzen, sind Begegnungen mit echten Überresten – an dieser Stelle liegt
30 das Beispiel Kalkriese nahe, wo u.a. eine originale römische Steinschleuder in Aktion zu sehen war. [...]
Historische Neugier sucht das zeitlich Ferne, das Andere, oft das Kuriose. Viel nachhaltiger treibt die Frage nach der eigenen Geschichte die Menschen zur Suche nach Überresten,
35 Zeugnissen oder Erzählungen, die sie selbst betreffen. Mit dem Stichwort der Identitätsbildung oder Identitätswahrung durch öffentliche Darstellung von Geschichte kommen wir aus dem bunten Vordergrund vielfältiger Begegnungen mit Geschichte in ein schwieriges Feld. [...] Subjektive Identität,
40 Ich-Identität, die uns Gewissheit darüber gibt, wer wir sind, wo wir herkommen und hingehören nach Ort und Zeit, wie wir urteilen und handeln, ist immer verbunden mit sozialen, kollektiven Identitäten, d.h. mit dem Willen und der Fähigkeit von Gruppen, sich selbst als etwas Besonderes, eigentüm-

liches zu erkennen, damit auch abzugrenzen von anderen 45 und allen Mitgliedern einen im Kern gemeinsamen, anerkannten Kanon von Vorstellungen, Gewissheiten und Lebensformen zu vermitteln. [...] Wie der Einzelne sich selbst in seiner persönlichen oder Familiengeschichte wiederfindet, so finden sich Völker und Gesellschaften in der Geschichte all- 50 gemein. [...]
Deshalb ist Vergewisserung der eigenen Geschichte immer mehr als Neugier oder Spiel; sie ist eine Existenzbeglaubigung von Gemeinschaften. Sie muss gezeigt und bezeugt, öffentlich sichtbar werden durch Erinnerungs- und Bestäti- 55 gungsrituale: Symbole, Erzählungen, Lieder, Feiern. [...]
Bei solchen Feiern oder demonstrativen Gemeinsamkeiten geschieht nun immer auch die Auslöschung anderer Erinnerungen im gleichen Kontext. Die Fragwürdigkeiten und Gräuel der Französischen Revolution [...] werden bei dieser 60 kollektiven Vereinnahmung der Geschichte durch eine fröhlich feiernde Öffentlichkeit ebenso verdrängt wie die Vernichtung, Umsiedlung oder Dekulturation der Indianerstämme infolge der Entstehung der USA.
Hier stoßen wir auf eine Problematik des Umgangs der Öf- 65 fentlichkeit mit ihrer Geschichte. Sie ist in hohem Maße selektiv, verkürzt, manchmal bis zur Verfälschung. Erinnerung wird zur Schauseite, zum Mythos, darf nicht kritisiert werden. [...]
Historische Fundamente der Identität werden lebenslang 70 gegründet – kurzfristiger greifen Legitimationsstrategien auf die Öffentlichkeit zu. Hier wird Geschichte benutzt, um gegenwärtige Ansprüche oder Entscheidungen zu rechtfertigen. [...] Ihr wichtigstes Medium sind politische Reden, Broschüren, Weiß-, Rot- oder Schwarzbücher. Es gibt Unter- 75 suchungen dieses Phänomens, die zeigen, dass Geschichte in dieser Funktion in der Öffentlichkeit immer wieder eingesetzt wird, sei es als gezielte politische Strategie der Meinungsbeeinflussung, sei es als Erklärung bestimmten Verhaltens im Großen wie im Kleinen. Ansprüche auf Land und 80 Herrschaft werden so gerechtfertigt [...]. [...]
Das wichtigste Instrument des Argumentierens mit Geschichte ist das historische Exempel. Der ungeheure Vorrat an Geschichte dient als Beispielsammlung zum überzeugenden Beweis für die Richtigkeit dieses oder jenes Handelns 85 oder Urteilens. Historie als das Archiv von Erfahrungen, aus denen zu lernen ist: Das leuchtet unmittelbar ein. [...]
Ebenso eindrucksvoll, dabei aber stärker auf historisches Wissen spekulierend ist die Konstruktion von Analogien und Kontinuitäten, so [...] wenn im Dienste der gewollten europä- 90 ischen Einigung die europäische Gemeinsamkeit durch die Jahrhunderte aufgedeckt oder beschworen wird und als eine aufsteigende Linie erscheint, die notwendig zum Zusammenschluss führen müsse. [...]

95 Es ist eine Strategie der Überredung der Öffentlichkeit zu bestimmten Denkweisen und Handlungen, aber auch eine Verführung für den so Argumentierenden selbst. Dieser Gebrauch von Geschichte ist immer problematisch, operiert nur mit Halb- oder Teilwahrheiten, verkennt, dass Geschichte
100 nicht das immer Gleiche, sondern das sich immer Wandelnde ist – und trotzdem bleibt dieser Umgang mit ihr offenbar eine unvermeidliche Art, historische Erfahrung auf die Gegenwart zu beziehen.

Karl-Ernst Jeismann, Geschichte und Öffentlichkeit. Historie zwischen Vergewisserung und Verführung, herausgegeben vom Landschaftsverband Osnabrücker Land e.V., Bad Iburg 1999, S. 1-36

1. *Überlegen Sie vor der Quellenlektüre, welche „Formen"*
➕ *von Geschichte Sie aus dem öffentlichen Raum kennen. Erstellen Sie eine Tabelle, in der Sie diese Geschichtsangebote auflisten. Legen Sie eine Spalte mit dem Oberbegriff „Funktion" an.*

2. *Fassen Sie die wesentlichen Argumente Jeismanns bezüglich des Verhältnisses von Geschichte und Öffentlichkeit in eigenen Worten zusammen.*

3. *Geben Sie die von Jeismann genannten Formen von Geschichte wieder. Vergleichen Sie sie anschließend mit den von Ihnen vor der Lektüre aufgeführten Beispielen.*

4. *Ergänzen Sie Ihre Tabelle um die von Jeismann genannten Aspekte und Beispiele. Beurteilen Sie ihre jeweilige Funktion.*

M2 Erzähltypen nach Rüsen

Auf dem Wiki der Pädagogischen Hochschule Karlsruhe fasst ein Autorenteam die Erzähl- und Sinnbildungstypen nach Jörn Rüsen zusammen:

1. Traditionelles Erzählen/traditionale Sinnbildung
[...] Geschichten, die dem traditionellen Erzählen angehören, erinnern an „verpflichtende Ursprünge" [...] und „an ihre ständige Durchsetzung, Wiederkehr und Resistenz im Wan-
5 del der Zeit" (Kontinuität der Ursprünge). Nach Rüsen ist der Ursprungsmythos eine besonders „reine' Form dieses Typs". Andere Beispiele wären Stiftungsgeschichten, Herrschaft legitimierende Genealogien, Rückblicke in Jubiläen(-reden). Die traditionale Sinnbildung übersieht dabei den Wandel der
10 Verhältnisse über die Zeit. „Alles" bleibt demnach „beim Alten. Dinge die einmal erreicht wurden gelten als weiterhin gültig, Verlorenes als unwiederbringlich." [...]
2. Exemplarisches Erzählen
Die exemplarische Sinnbildung gilt als komplexer als die tra-
15 ditionale Sinnbildung, da sie Veränderungen im Wandel der

Zeit anerkennt. Diese Veränderungen werden als Wandel zwischen verschiedenen Fällen derselben Art verstanden. Das heißt Einzelfälle sind nur Beispiele für eine allgemeingültige Regel. Diese Regel gilt überzeitlich. Aus der Betrachtung von einzelnen oder mehreren Fällen, die auf eine Regel abzie- 20 len, kann man somit für die Zukunft lernen. [...] Exemplarisches Erzählen erinnert somit an Sachverhalte der Vergangenheit, die Regeln gegenwärtiger Lebensverhältnisse konkretisieren. Kontinuität wird hierbei als Geltung dieser Regeln vorgestellt. Exemplarische Erzählungen sind durch die 25 klassische Devise „historia magistra vitae"[1] charakterisiert, d.h. als Vorbildergeschichten Regelwissen und eine „Moral" vermitteln. Im Grunde genommen bleibt auch hier alles beim Alten. Beispiele für exemplarisches Erzählen sind Geschichten, die von Herrschertaten erzählen und Regeln des klugen 30 Herrschens [...]. Das traditionale und das exemplarische Erzählen entsprechen dem Anforderungsbereich der Reproduktion.
3. Kritisches Erzählen
Kritische Erzählungen stellen Abweichungen dar, die gegen- 35 wärtige Lebensverhältnisse infrage stellen, d.h. bestehende Orientierungen und Vorstellungen werden aufgrund gegenteiliger Erfahrungen im Umgang mit vergangenem Material außer Kraft gesetzt. Hier spricht man eher von einer „Anti-Kontinuität", die sich als Veränderung vorgegebener Konti- 40 nuitätsvorstellungen in Form von Abgrenzung, Abweisung oder strikter Negation von Standpunkten zu verstehen gibt. Es kommt zum Bruch von Kontinuität. [...] Es sollen alternative Möglichkeiten aufgezeigt werden und eingefahrene historische Klischees widerlegt werden, indem empirisch auf 45 widersprechende Erfahrungen verwiesen wird. Damit leugnet die kritische Sinnbildung, dass es eine allgemeingültige Regel, wie beim exemplarischen Erzählen gibt. [...] Das kritische Erzählen entspricht in der Schule dem Anforderungsbereich der Reorganisation, dieser beinhaltet das selbststän- 50 dige Erklären und Anwenden von Gelerntem und dessen Transfer.
4. Genetisches Erzählen
Die genetische Sinnbildung stellt die zeitliche Veränderung der historischen Deutungsarbeit in den Mittelpunkt. Geneti- 55 sches Erzählen „erinnert an qualitative Veränderungen in der Vergangenheit, die andere und fremde Lebensverhältnisse in eigene münden lassen". [...] Es wird versucht den Zusammenhang zwischen Vergangenheit, Gegenwart und Zukunft herzustellen, damit eine „gerichtete Veränderung" angenom- 60 men werden kann. Kontinuität tritt hier als Entwicklung ins Bild mit dem Ziel, die Richtungen dieser Veränderungen zu erkennen. In diesem Zusammenhang bedeutet historische

---

[1] **historia magistra vitae**, dt. Übersetzung: Geschichte (ist) Lehrmeisterin des Lebens

Orientierung zu erkennen, in welche „Richtung" sich die Ver-
65 hältnisse geändert haben, und diese Entwicklung in der Zukunft ermitteln zu können. Als kategoriale Beispiele sind bei
der genetischen Sinnbildung die Entwicklung oder der Fort-
schritt zu nennen [...].
Nach Rüsen treten seine Sinnbildungstypen nie in Reinform
70 auf, sondern immer in charakteristischen Kombinationen
bzw. Mischformen, wobei eine dominant sei.

Nach: http://geoges.ph-karlsruhe.de/mhwiki/index.php5/Narration_Grund
lagen (Zugriff: 28. April 2017; die Einzelnachweise wurden im Text entfernt)

1. *Fassen Sie die Hauptmerkmale der vier Erzähltypen
in eigenen Worten zusammen.*
2. *Arbeiten Sie heraus, welche Erzähltypen bzw. Sinnbildungsmuster Ihr Geschichtsschulbuch oder ein anderes
geschichtskulturelles Angebot bietet. Begründen Sie.*
3. *Welches Sinnbildungsmuster von „Geschichte" erscheint
Ihnen am Wichtigsten? Erörtern Sie Ihnen bekannte
Beispiele in Partnerarbeit.*

M3 Sammeln und bewahren – nur was und was nicht?

*Museen und Archive stellen aus, bewahren und sammeln nach
Schwerpunkten. Die Stiftung Haus der Geschichte der Bundesrepublik Deutschland informiert im Internet über sein Samm-
lungskonzept:*

1986 beginnt die Stiftung Haus der Geschichte mit dem Aufbau zeithistorischer Sammlungen. Aufgenommen werden
Objekte, die sich eignen, um Zeitgeschichte materiell zu do-
kumentieren und auszustellen: Gebrauchsgegenstände, Do-
5 kumente, Filme und andere Medien, Zeitschriften, Maschinen, Möbel, Textilien und vieles mehr. Heute umfassen
unsere Sammlungen 1 Million Objekte. Neben materiellen
Objekten sammelt die Stiftung zunehmend auch digitale
Objekte.
10 Mindestens drei Kriterien sind ausschlaggebend dafür, ob ein
Gegenstand, Dokument oder Medium Teil unserer Sammlung wird: Ist das Objekt typisch für seine Zeit (z.B. eine FDJ-
Bluse) oder absolut einmalig (wie etwa der „Schabowski-
Zettel")? Ist es drittens mit einer besonderen Aussagekraft
15 verbunden? Immer gilt, dass vor allem diejenigen Objekte
spannend sind, die für sich selbst oder im Zusammenhang
mit anderen eine Geschichte erzählen. Der Seesack etwa, den
Elvis Presley 1958 zu Beginn seines Wehrdienstes in die Bundesrepublik mitbringt, steht für die Bedeutung der amerika-
20 nischen Popkultur in Deutschland und für einen Aspekt des
Kalten Krieges. Und für Elvis-Fans hat er darüber hinaus eine
besondere emotionale Bedeutung!

Die Sammlungstätigkeit ist eine wichtige Grundlage unserer
musealen Arbeit in Bonn, Leipzig und Berlin. Wir tragen dazu
bei, ein „kulturelles Gedächtnis" unserer Gesellschaft mit 25
aufzubauen. Unsere Aufgabe ist, das zeitgeschichtliche Geschehen aufmerksam zu verfolgen, dessen Einbeziehung
jüngerer geschichtlicher Ereignisse in die Ausstellung zu prüfen, Sammlungsbereiche zu erweitern und infrage kom-
mende Objekte zu sammeln. Als Museum für deutsche Zeit- 30
geschichte sammeln wir Objekte von 1945 bis heute entlang
der Ausstellungsthemen – auch nach dem Grundsatz „Von
der Straße ins Museum".
Für uns heißt das: Ob Flüchtlingskrise, „Brexit" oder deutscher WM-Titel, wir bewerten, welche aktuellen Entwicklun- 35
gen zeitgeschichtlich relevant werden können und überneh-
men Objekte für unsere Sammlung, die eine damit
verbundene Geschichte erzählen.

Nach: www.hdg.de/haus-der-geschichte/sammlung/ (Zugriff: 30. Juli 2018)

1. *Beschreiben Sie die wichtigsten Aspekte der Sammlungstätigkeit des Hauses der Geschichte.*
2. *Erläutern Sie die drei Kriterien, nach denen das Haus der
Geschichte seine Objekte auswählt.*
3. *Erörtern Sie, welche Überlieferungslücken durch die
Schwerpunktbildung entstehen könnten.*
4. *Diskutieren Sie in der Klasse Möglichkeiten und Grenzen
von Museen, das kulturelle Gedächtnis aufzubauen.*
5. *Verschaffen Sie sich über die Suchmaske des Internetauf-*
➕ *trittes vom Haus der Geschichte einen Überblick über
die gesammelten Materialien. Wählen Sie eigene Objekte zu verschiedenen Kategorien aus und schlagen
Sie sie dem Haus der Geschichte zur Aufbewahrung/
zukünftigen Ausstellung vor. Begründen Sie Ihre Vor-
schläge nach den im obigen Text angegebenen Aus-
wahlkriterien.*

M4 Wahrheit der Fiktion

*Am Beispiel von Jugendbüchern zum „Dritten Reich" differen-
ziert der Geschichtsdidaktiker Hans-Jürgen Pandel fünf Typen,
nach denen der „Wahrheitsgehalt" bzw. der Authentizitätsgrad
von Geschichtserzählungen untersucht werden kann:*

a) Faktenauthentizität
Ein Jugendbuch ist fakten- und ereignisauthentisch, wenn
die geschilderten Personen wirklich gelebt und die erzählten
Ereignisse tatsächlich vorgefallen sind. [...] Eine solche Faktenauthentizität, bei der die Existenz aller Personen und die 5
Tatsächlichkeit jedes Ereignisses dokumentarisch gesichert
ist, würde es nicht erlauben, ein fiktives Buch zu schreiben,
das zugleich anschaulich und spannend ist. Zu dürftig wäre

die schriftstellerische Gestaltungsmöglichkeit, wenn der
10 Autor nur solche Figuren aufnehmen könnte und Ereignisse
berichten dürfte, für die ihm Quellenbelege vorliegen. Zu
lückenhaft sind zudem Alltagsszenen, menschliche Gefühls-
lagen, Fantasien und Gedanken in den Quellen repräsentiert;
zu unergiebig sind die vorliegenden Quellen, um Anschau-
15 lichkeit zu erzeugen. Die fiktive Darstellung muss mit der
Faktenauthentizität großzügiger umgehen können, wenn sie
ihre Arbeit ernst nimmt. Allerdings sind ihr dabei auch enge
Grenzen gesetzt.

Sie darf die historische Situation, in der die Geschichte spielt,
20 nicht abändern, die Periodisierungen dürfen nicht verscho-
ben werden und die Ereignisabläufe der historischen Groß-
chronologie muss unverändert erhalten bleiben, die Mentali-
täts- und Interessenlagen sozialer Gruppen müssen dem
Forschungsstand entsprechen.

25 b) *Typenauthentizität*

Ein Jugendbuch ist typenauthentisch, wenn es die dargestellten Personen zwar nicht als individuelle Personen, aber doch
als Typus gegeben hat. Auch Ereignisse müssen sich nicht
ereignet haben, aber das geschilderte Ereignis muss einen
30 typischen, damals wiederholt vorgekommenen Ereignistyp
schildern. [...]

c) *Erlebnisauthentizität*

Ein Jugendbuch ist erlebnisauthentisch, wenn die dargestellten inneren Erfahrungen subjektiv authentisch sind. Sie sind
35 dann authentisch, wenn der Erzähler die geschilderten Erfahrungen, Gefühle und Gedanken in der erzählten Situation
tatsächlich gehabt hat. [...]

Erlebnisauthentizität ist kaum mit den üblichen historischen
quellenbezogenen Mitteln nachzuweisen. Eine solche Erleb-
40 nisauthentizität verlangt daher Informationen über die Biografie eines Autors oder der Autorin, die ihre inneren Erlebnisse
wiedergibt. Die Fakten- und Typenauthentizität darf in solchen
Erzählungen großzügiger gehandhabt werden. Ihr muss man
sogar einen größeren Spielraum einräumen, da seine Gefühle,
45 Assoziationen und Fantasien die Logik von Raum und Zeit und
die Gesetze der Rationalität durchbrechen. [...]

d) *Quellenauthentizität*

Die Forderung nach Authentizität kann sich auch auf ein
Buch als Ganzes richten. Es handelt sich dann um Bücher,
50 deren Texte oder Bilder zu derjenigen Zeit entstanden sind,
über die dieses Buch berichtet. Die bekanntesten Prosabei-
spiele für diesen Typ der Authentizität sind die Tagebücher
der Anne Frank [...]. Es sind die Bücher, die insgesamt eine
Quelle sind, weil sie während der Zeit, über die sie Auskunft
55 geben, entstanden sind. Ein Buch ist quellenauthentisch,
wenn der gesamte Buchtext ein quellenauthentischer Text
ist. Den Beweis ihrer Quellenauthentizität treten diese
Bücher meist dadurch an, dass sie Faksimiles[1] der Original-
seiten mitdrucken. [...]

e) *Repräsentationsauthentizität* 60

Die Authentizität des erzählten Zusammenhangs kann durch
die Auswahl der Ereignisse erreicht, aber verfehlt werden, die
in die Geschichte eingehen. Die in einem Jugendbuch dargestellten Ereignisse und Schicksale müssen sich in die Hinter-
grundnarrativität der bekannten Geschichte des Dritten 65
Reiches einordnen lassen, ohne zu ihr in Widerspruch zu treten. Die geschilderten Ereignisse und Situationen müssen in
dem Sinne exemplarisch sein, dass sie Schicksale repräsentieren, die häufig vorgekommen sind. Der geschilderte Ereig-
niszusammenhang, der zwar individuelle und unverwechsel- 70
bare Personen zeigt, muss dennoch von allgemeiner
Gültigkeit sein. Er soll für viele Schicksale stehen und darf
nicht so einmalig sein, dass er nur auf ein einziges Leben
zutrifft. Viele Zeitzeugen müssen sagen können: So etwas
Ähnliches habe ich auch erlebt, und so etwas ist oft vorge- 75
kommen. Erst wenn die geschilderten Ereignisse exemplarisch für den Ereigniskomplex Holocaust sind, erhalten sie
Plausibilität und die dargestellte Geschichte Gültigkeit.

Die Vielfalt der Authentizitätsformen macht deutlich, dass es
die einfache antagonistische[2] Gegenüberstellung von Fiktion 80
und Wahrheit nicht gibt. Wenn historische Jugendbücher
geschichtliche Themen aufgreifen, müssen sie auf einer der
genannten Authentizitätsebenen Wahrheitsansprüche ein-
lösen, sonst bringen sie sich um die Chance, einen Bezug zur
historischen Wirklichkeit herzustellen. Kein historisches Ju- 85
gendbuch wird allen Authentizitätsansprüchen gleichzeitig
nachkommen wollen [...].

Hans-Jürgen Pandel, Die Wahrheit der Fiktion. Der Holocaust im Comic und
Jugendbuch, in: Bernd Jaspert (Hrsg.), Wahrheit und Geschichte. Vom
Umgang mit deutscher Vergangenheit, Hofgeismar 1993, S. 72-108, hier
S. 92-104

1. *Geben Sie die Merkmale der verschiedenen Authentizitätsbereiche stichpunktartig wieder.*
2. *Diskutieren Sie an einem selbstgewählten Beispiel,
   welche Probleme für Geschichtsproduzenten auftreten,
   wenn sie für ihre Darstellung eine größtmögliche
   Authentizität erreichen wollen.*
3. *„Typenauthentizität" heißt auch, dass die handelnden
   Figuren ihrer Zeit gemäß typisch denken, handeln und
   sprechen. Erörtern Sie, welche Probleme ein Roman-
   autor oder ein Filmemacher haben kann, wenn er eine
   Geschichtsdarstellung der Antike oder des Mittelalters
   vorhat. Entwickeln Sie Lösungsvorschläge und diskutieren Sie sie in der Klasse.*

---

[1] **Faksimile**: originalgetreue Nachbildung einer Vorlage
[2] **antagonistisch**: gegensätzlich

Geschichte im Film

Geschichte und Film ■ Die Bandbreite an Filmformaten, in denen Vergangenheit thematisiert wird, ist groß. Grundsätzlich sind zwei Grundformen zu unterscheiden: das dokumentarische und das **teil-fiktionale** Erzählen. Die Unterschiede lassen sich beispielhaft an den audio-visuellen Großformen **Geschichtsdokumentation** und **Geschichtsspielfilm** verdeutlichen, wobei es hier Überschneidungen und Vermischungen gibt, wie z. B. das **Doku-Drama** (▸ M1).

Will man die wechselseitige Beziehung von Film und Geschichte näher beleuchten, sind einige Fragen zu klären: Wie gelangt „Geschichte" in den Film? Was macht filmische Geschichtserzählungen aus? Welche Funktionen erfüllen sie und wie geht man sinnvoll mit ihnen um?

Ausgangspunkt der Rekonstruktion von Vergangenheit sind die noch erhaltenen Quellen. Gerade für audio-visuelle Erzählungen sind Filmquellen besonders wichtig. Mit ihnen lassen sich nicht nur Ereignisse, das Aussehen von Personen und andere Dinge rekonstruieren, sondern sie bieten gleichzeitig anschauliches Filmmaterial. Natürlich bestehen „Geschichtsfilme" nicht nur aus solch zeitgenössischem Filmmaterial, aber sowohl in Geschichtsdokumentationen als auch für Geschichtsspielfilme spielen sie eine wichtige Rolle. Aber was ist das eigentlich, eine „Filmquelle"?

Originalfilme ■ Bei der Beschäftigung mit filmischen Geschichtserzählungen stolpert man unweigerlich über *Originalfilme*, meist als kurze Ausschnitte. Ausgangspunkt sind Ereignisse, deren Verlauf zeitgleich gefilmt wird. Dies kann auf zwei unterschiedlichen Wegen geschehen: Zum einen können die Aufnahmen durch offiziell beauftragte Berichterstatter und Filmteams hergestellt werden. Zum anderen werden Ereignisse auch von Privatleuten mitgefilmt. Gerade heute im Zeitalter der Smartphones ist die Fülle an solchen Aufzeichnungen enorm gestiegen.

Ein wesentlicher Unterschied zwischen ihnen besteht darin, dass die „offiziellen" Aufnahmen bereits im Hinblick auf ihre spätere Verwendung in Nachrichten oder für Dokumentationen nach inszenatorischen Gesichtspunkten aufgenommen und in der Regel weiter überarbeitet werden. Das heißt, dass die Kameraperspektive, die Einstellungsgröße sowie der Aufnahmestandpunkt bewusst ausgesucht und dass die Einzelaufnahmen später geschnitten, montiert und nachvertont werden. Privataufnahmen sind dagegen meist weniger inszeniert, auch weil man sich ohne Presseausweis den Standpunkt nicht aussuchen kann.

Weder Privataufnahmen noch offizielle Aufzeichnungen können Ereignisse vollständig abbilden. Beide sind den Beschränkungen der Kamera unterworfen, können das Geschehen immer nur ausschnitthaft und perspektivisch festhalten. Sie können dennoch eine wichtige Quelle für die näheren Umstände des Ereignisses sein und auch unbeabsichtigt andere Details des täglichen Lebens wie Gebäude, Fahrzeuge, Mode und Frisuren zeigen. Der Historiker nennt dies *realienkundlicher Quellenwert*.

Vom Originalfilm zum Filmdokument ■ Originalfilme werden im weiteren Verlauf zeitnah in Nachrichten oder Reportagen verwendet und vor allem für längere Beiträge weiter bearbeitet. Die Aufnahmen werden mit anderen zusammengeschnitten, die Tonspur wird durch Musik oder einen Kommentar / Sprecher ergänzt oder ersetzt. Filmarchive oder Archive der Sendeanstalten bewahren sie dann nach der Ausstrahlung auf bzw. speichern sie heutzutage in digitaler Form.

---

teil-fiktional: Meint auf die Darstellung von „Geschichte" bezogen, dass die Handlung, Figuren usw. zwar erfunden sein können, die Erzählung sich aber auf vergangene Realität stützt.

▲ **„Radegunde – Die geraubte Prinzessin."**
Foto von 2003, Westgreußen (Thüringen).
Das Foto zeigt Dreharbeiten zu einer Geschichtsdokumentation vom MDR, die das Leben der thüringischen Prinzessin und fränkischen Königin Radegunde (um 522 - 587) behandelt.
■ *Analysieren Sie anhand des Fotos (siehe auch die Vergrößerung auf Seite 6), wodurch diese Produktion „dokumentarisch" erscheint. Welche anderen Gestaltungselemente erwarten Sie in einer solchen Dokumentation?*

Geschichtsdokumentation: Rekonstruiert auf Grundlage des geschichtswissenschaftlichen Forschungsstandes Vergangenheit und rückt sie deutend in den Horizont der Gegenwart. Ihr Ziel ist Information, Aufklärung und Bildung. Sie arbeitet u. a. mit Zeitzeugenberichten, Originalfilmen, Filmdokumenten, Experteninterviews und nachgespielten Szenen, die vom Kommentar verknüpft und gedeutet werden. Zur Geschichtsdoku siehe auch Seite 30 f. und 48 f.

▶ **„Das Leben der Anderen."**

Foto von 2006.

Filmszene mit dem Schauspieler Ulrich Mühe in der Rolle des Stasi-Hauptmannes Gerd Wiesler aus dem deutschen Spielfilm „Das Leben der Anderen".

Das Drama von Florian Henckel von Donnersmarck wurde national und international ein großer Erfolg. 2007 erhielt es einen Oscar für den besten fremdsprachigen Film.

- ➕ *Vergleichen Sie das Standbild mit der Bildquelle zu „Thirteen Days" auf Seite 7 / 24 hinsichtlich Gemeinsamkeiten und Unterschieden.*
- *Informieren Sie sich im Internet über die Figur Gerd Wiesler, z. B. durch Rezensionen zum Spielfilm. Zeichnen Sie die kontroverse Beurteilung nach und diskutieren Sie in der Klasse, wieso der Film dennoch ein Erfolg war.*

Originalfilme belegen, beweisen und veranschaulichen als Kurzbeiträge in Nachrichtensendungen die Aussagen des Sprechers. In zeitlichem Abstand werden sie dann in längeren Formaten erneut verwendet. In einer Reportage oder Dokumentation werden sie in größere narrative Sinnzusammenhänge gerückt. Auch hier können sie als filmischer „Beweis" für ein Geschehen, als Veranschaulichung oder Bebilderung des Kommentars eingesetzt werden. Neben dem wertenden Kommentar kommt es zudem zum Einsatz von Zeitzeugenberichten, Experteninterviews und abgefilmten Dokumenten. Da diese Materialien zu einer geschlossenen Erzählung kompiliert, d. h. durch Montage und Schnitt zusammengefügt werden, bezeichnet man diese Formate auch als *Kompilationsfilme*. Bei solchen Gesamtfilmen aus der Vergangenheit handelt es sich um *Filmdokumente*.

Filmdokumente sind zeitgenössische Deutungen eines Geschehens. Sie können Auskunft darüber geben, wie die Menschen in der betreffenden Zeit die Ereignisse verstanden und bewertet haben (▶ M2). Oder es ist der Versuch, eine bestimmte Sicht durchzusetzen, zum Beispiel mit propagandistischen Filmen wie den Wochenschauen des „Dritten Reiches".

▶ **„Mätressen – Die geheime Macht der Frauen."**

Foto von 2005, Barockgarten Großsedlitz in Heidenau, südöstlich von Dresden (Sachsen).

Auf dem Foto ist die Schauspielerin Suzan Anbeh als Madam de Montespan, der Geliebten König Ludwigs XIV. von Frankreich, bei Dreharbeiten zum ARD-Dreiteiler „Mätressen" zu sehen. Das Doku-Drama beschäftigt sich mit der Macht und dem Einfluss der Geliebten von Herrschenden in verschiedenen Epochen.

- *Recherchieren Sie im Internet zum Inhalt und zur Machart des Doku-Dramas. Arbeiten Sie anschließend heraus, wodurch sich die Produktion von Geschichtsdokumentationen und Geschichtsspielfilmen unterscheidet bzw. welche Gemeinsamkeiten feststellbar sind.*

Geschichtsspielfilm: Filmische Erzählung, die sich auf historische Epochen, Gegebenheiten und Personen bezieht. Die Ausgestaltung erscheint historisch realistisch, macht aber auch Zugeständnisse an die Seherwartungen des Publikums. Die Handlung vermischt Fakten mit Fiktionen. Um besonders authentisch zu wirken, wird z. B. das Einblenden von Quellen oder Zeitzeugen eingesetzt. Weiterführende Informationen zum Geschichtsspielfilm finden Sie ab Seite 24 f.

Doku-Drama: Mischform dokumentarischen und fiktionalen Erzählens. Anders als beim Geschichtsspielfilm sind Verweise auf Quellen oder Zeitzeugen weniger im Sinne einer Dramatisierung gemeint, sondern sie stellen vielmehr den Beweis für den ernst gemeinten Anspruch dar, Geschichte auf der Grundlage geschichtswissenschaftlicher Erkenntnisse „korrekt" zu zeigen. Das Doku-Drama verspricht, auch fiktionale Elemente plausibel und triftig umzusetzen, also beispielsweise unbelegte Dialoge so zu inszenieren, dass sie geschichtswissenschaftlich plausibel sind.

▲ „Thirteen Days."
Foto von 2000, Regie: Roger Donaldson.
In dem Filmstandbild sind von links nach rechts zu sehen: US-Vizepräsident Lyndon B. Johnson (Walter Adrian), US-Präsident John F. Kennedy (Bruce Greenwood), Justizminister Robert F. Kennedy (Steven Culp), Chefberater Ted Sorensen (Tim Kelleher) und Sicherheitsberater McGeorge Bundy (Frank Wood). Im Hintergrund befinden sich Luftaufnahmen und Karten von Kuba.

■ Beschreiben Sie anhand des Standbildes, mit welchen Mitteln hier Authentizität geschaffen wird. Eine Vergrößerung des Standbildes finden Sie auf Seite 6/7.
■ Charakterisieren Sie die Atmosphäre. Mit welchen Mitteln wird sie erzeugt und wie wird der Betrachter in die Szene einbezogen?
■ Beurteilen Sie, inwieweit die Darstellung dem Ereignis angemessen ist.

Vom Originalfilm zum Geschichtsspielfilm und zur Geschichtsdokumentation ■

Ereignisse und Personen, die einer späteren Gegenwart als bedeutsam gelten, werden auch in der filmischen Geschichtskultur thematisiert. Dokumentarische Erzählungen verwenden dabei erneut Originalaufnahmen. Meistens stehen sie aber nicht mehr in ihrer ursprünglichen Fassung den Produzenten zur Verfügung, sondern nur noch als bereits überarbeitetes Material in den Filmdokumenten. Das ist nicht unproblematisch, weil sich dadurch Inhalt und Aussage des Materials ändern können und sie so keine ursprüngliche Quelle für das zu behandelnde Ereignis mehr sind.

Auch für die Produktion von Geschichtsspielfilmen sind Originalaufnahmen und Fotografien von Bedeutung. Regisseure informieren sich mittels solcher Quellen über das genaue Aussehen der Menschen, über Kleidung, Gebäude usw. Manchmal wird auch versucht, ein Ereignis filmisch genau so darzustellen, wie es in den Filmquellen belegt ist.

Dieses Material verwenden Geschichtsspielfilme auch direkt. Wenn in einem solchen Film z. B. ein Fernseher eingeschaltet ist, wird dort dann eine zeitgenössische Sendung gezeigt, z. B. eine Nachrichtensendung, ein Spielfilm oder eine Show als historisches Filmdokument aus der dargestellten Zeit. Mitunter werden sie auch direkt in den Spielfilm montiert. Das kann trivial sein, wenn in dem Actionfilm „Rambo" (USA 2008) im Vorspann Filmdokumente der Kriegsberichterstattung aus Burma gezeigt werden. In solchen Fällen dienen Filmdokumente lediglich dazu, Realismus vorzutäuschen. In anderen Sendungen kommt ihnen eine größere Bedeutung zu. So werden im US-amerikanischen Geschichtsspielfilm „Thirteen Days" aus dem Jahre 2000, der detailliert die Kuba-Krise 1962 nachzeichnet, wiederholt zeitgenössische Reaktionen wie Zeitungsmeldungen und Nachrichtenbeiträge „im Original" eingebunden. Hier kommt den Ausschnitten dramaturgische Relevanz zu, weil sie die angespannte Stimmung der Zeit angesichts eines drohenden nuklearen Krieges authentisch wiedergeben. Zudem sprechen die Darsteller teilweise die Gespräche im Weißen Haus, die durch Protokolle belegt sind, wörtlich nach. Um dies dem Betrachter deutlich zu machen, wechselt die Filmspur zu Schwarz-Weiß. Dadurch sollen sie die Korrektheit der Geschichtsdarstellung insgesamt belegen.

In Geschichtsdokumentationen werden Originalaufnahmen und Filmdokumente weiter überarbeitet und in andere Kontexte gerückt und so mit gegenwartsbezogenen Deutungen der Produktionszeit versehen. Diese Deutungen müssen nicht deckungsgleich mit den zeitgenössischen Wahrnehmungen sein, sondern können sich von ihnen unterscheiden. Aber auch hier bleibt der Produzent von der Quellenlage abhängig. Das führt dann zu Problemen, wenn fast ausschließlich nur einseitiges oder propagandistisches Filmmaterial erhalten ist (► M3).

Geschichtsspielfilme – ein eigenes Filmgenre? ■ „Geschichte" im Spielfilm als historisches Erzählen ist kein eigenes Filmgenre, weil diese Filme nicht wirklich historisch Erzählen. Allenfalls „Western", „Mantel und Degen-" und „Piraten-Filme" wären Genres, für die sich ansatzweise eigene Erzählkonventionen herausgebildet haben und die sich vom Namen her auf historische Epochen beziehen. Dennoch sind nicht alle Filme, deren Handlung in diesen Zeiträumen spielt, zwangsläufig Western oder Piratenfilme, wenn sie die „Geschichte" nach anderen Genrekonventionen erzählen. Zudem können auch Filme, die in der Gegenwart oder Zukunft angesiedelt sind, wie ein „Western" erzählen. Unabhängig davon haben diese Filme wenig mit einer historischen Realität zu tun. Gerade der „Wilde Westen" diente schon immer in der populären Geschichtskultur als Projektionsfläche für jeweils gegenwärtige Wünsche und Sehnsüchte und bot bzw. bietet den Ausbruch aus einer vermeintlich reglementierten Gegenwart (*Eskapismus*). Augenfällig wird dies im Science-Fiction-Film „*Westworld*" (USA 1973) und der aktuellen gleichnamigen Serie (USA, seit 2016).

Nach welchen Konventionen und Regeln erzählen Geschichtsspielfilme? Das ist sehr unterschiedlich. In der Regel richten sie sich nach den Konventionen anderer Filmgenres, nicht selten in bunter Vermischung. Sie orientieren sich z. B. an den Erzählformen des Abenteuer-, Action-, Liebes- oder Kriegsfilms. Das hat zur Folge, dass Elemente, die nicht historisch verbürgt sind, die für die Erzählung des Genres aber bestimmend sind, fiktional hinzugefügt werden, um nicht die Erwartungshaltung des Publikums zu enttäuschen. Es finden sich häufig historisch unmögliche, melodramatische Liebesgeschichten, wie beispielsweise eine Liebe über Standesgrenzen hinweg, oder Muster der ebenso unwahrscheinlichen dramatischen Aufstiegsgeschichte: Vom Tellerwäscher zum Millionär, wie beispielsweise Balian in „*Königreich der Himmel*" (USA 2005), der als einfacher Sohn eines Schmiedes eine Karriere am Königshof machen kann.

Aktuelle Probleme im „historischen Gewand" ■ „Geschichte" kann, wurde und wird auch dazu benutzt, um zeitgenössische Probleme zu thematisieren. So beschäftigt sich das mehrfach verfilmte Drama „*Hexenjagd*" des US-amerikanischen Schriftstellers *Arthur Miller* von 1953 zwar vordergründig mit den Hexenprozessen der Frühen Neuzeit, gemeint ist jedoch eine Kritik an der zeitgenössischen Kommunistenverfolgung in den USA. Hier wird „Geschichte" als abschreckendes Mahnmal gegenüber zeitgenössischen gesellschaftlichen Entwicklungen und Vorgängen instrumentalisiert. Das Drama und seine Verfilmungen sind wenig geeignet, Informationen über die Zeit der Hexenverfolgungen zu vermitteln, sondern bieten heute vielmehr eine Quelle zum künstlerischen Protest gegen den Antikommunismus in den USA der 1950er-Jahre.

Auch hauptsächlich unterhaltende Geschichtsspielfilme können eine politisch unterschwellige Botschaft vermitteln. Gerade in der Darstellung legendenhaft verklärter „Geschichte" lässt sich das gut analysieren, so z. B., wenn Robin Hood immer wieder im „finsteren Mittelalter" für unsere heutigen Werte einsteht. Noch deutlich politischer geraten Geschichtsspielfilme dann, wenn kriegerische Ereignisse thematisiert werden (z. B. „*300*", USA 2006[1]).

Internettipp
Filmanalysen berücksichtigen immer auch die technische Umsetzung von Szenen, die filmsprachliche Umsetzung durch die Kameraaufnahmen. So haben z. B. Einstellungsgröße (also wie groß bzw. nah etwas gezeigt wird) und die Kameraperspektive (Vogel-/ Froschperspektive, also die Aufnahme aus der Ober- bzw. Untersicht) Auswirkungen darauf, wie die Szene wirkt. Für einen detaillierten Überblick dieser Filmmittel siehe das von der Universität Kiel erstellte Online-Lexikon unter dem Code 7318-01.

---

[1] Zum Spielfilm „300" siehe den Methoden-Baustein auf Seite 44 bis 47.

Geschichtsspielfilme und Authentizität ■ Wie und wofür man filmische Geschichtserzählungen nutzen kann, bemisst sich am Grad ihrer Triftigkeit.[1] Ob man sie also zur Veranschaulichung der Vergangenheit, zum Aufbau von Wissen oder zur Auseinandersetzung mit der enthaltenen Deutung nutzen kann, hängt von ihrem Triftigkeitsgrad ab. Dabei ist je nach Gattung und Genre ein gewisses Maß an künstlerischer Freiheit und der Anreicherung mit fiktionalen Elementen zumutbar. Das kann so weit gehen, dass in eher fantastischen Geschichten teilweise triftige Geschichtsdarstellungen geboten werden. So spielt Magnetos Jugend in den mehrfachen X-Men-Verfilmungen deutlich erkennbar im „Dritten Reich". Er ist ein Auschwitz-Überlebender, an dem als Kind medizinische Experimente durchgeführt wurden. Er kann schließlich als Erwachsener Rache üben, indem er seine Peiniger in Argentinien aufspürt. Die Darstellung ist offensichtlich fiktional und nicht „authentisch" im Sinne der Pandel'schen Kategorien[2], greift aber plausibel wichtige Aspekte der „Vergangenheit" auf.

Der besondere Reiz von Geschichtsspielfilmen liegt darin, dass sie trotz erkennbarer Fiktionalität vergangene Realitäten widerspiegeln oder dies zumindest behaupten. Es ist für viele ungleich spannender, sich mit einer Geschichte auseinanderzusetzen, wenn diese tatsächlich so – oder wenigstens so ähnlich – wirklichen Menschen widerfahren ist. Filmproduzenten bemühen sich daher sehr stark, diesen Eindruck von Authentizität zu erwecken (▶ M4). Sie nutzen hierfür *Authentifizierungsstrategien*, die Wahrheitsanspruch und Realismus suggerieren. Häufig klaffen Realitätsbehauptung und Wahrheitsgehalt allerdings weit auseinander (siehe dazu die Tabelle auf Seite 27).

Es ist letztlich entscheidend, wie stark eine filmische Darstellung mit Authentifizierungsstrategien arbeitet, wie sehr der Produzent behauptet, dass es sich um eine geschichtswissenschaftlich fundierte Darstellung handelt. Je stärker dieser Anspruch filmisch behauptet wird, desto mehr muss der Betrachter davon ausgehen können, dass es tatsächlich so gewesen sei. Und je überzeugender eine Darstellung ist, desto eher werden auch die gleichzeitig vermittelten Deutungen und Wertungen als objektiv und „wahr" angenommen, was durchaus problematisch sein kann (▶ M5).

Grenzen der Authentizität ■ Es bleibt immer zu berücksichtigen, dass der filmischen Rekonstruktion von Vergangenheit Grenzen gesetzt sind. Eine triftige Rekonstruktion müsste die Mentalität, das Denken und Fühlen der Menschen von damals plausibel abbilden. Hierzu fehlen aber häufig die Quellen, um dies wissenschaftlich fundiert zu rekonstruieren. Zudem dachten und fühlten die damaligen Menschen anders als wir es heute tun. Solche Denkweisen und Mentalitäten in Spielfilmen so plausibel vorzuführen, dass wir die Menschen von damals tatsächlich verstehen könnten, wird umso schwieriger, je weiter die Geschichte zurück liegt. Das Denken der mittelalterlichen oder antiken Menschen ist und bleibt uns heute fremd, auch wenn sie in Geschichtsspielfilmen für uns nachvollziehbar agieren. Das liegt daran, dass in diesen Fällen die Hauptfiguren weniger zeittypisch denken und handeln, sondern vielmehr unsere heutige Werte repräsentieren. So sind die Frauenfiguren in der Regel vollemanzipiert, die Männer folgen humanistischen und aufklärerischen Idealen und sind Verfechter von heutigen Menschenrechten oder der modernen Demokratie. Umso rückständiger erscheint uns daher die sie umgebende Gesellschaft. Und umso fortschrittlicher erscheint uns die eigene Gegenwart.

---

[1] Siehe hierzu die Begriffsdefinition auf Seite 11.
[2] Vgl. M4 auf Seite 20 f.

Strategie	Funktion/Effekt	Probleme
detaillierte (Re-)Konstruktion des Settings (Landschaft, Gebäude, Kleidung etc., zunehmend durch 3-D-Computergrafik (CGI: computer generated images))	schafft die Illusion einer fotorealistischen Darstellung von Vergangenheit und somit Glaubwürdigkeit; als Grundlage dienen Foto- und Filmquellen	häufig Abweichungen von den Quellen, z.B. um den Seherwartungen des Publikums zu entsprechen, daher Orientierung an aktuellen Schönheitsidealen und Moden; Kosteneinsparung durch Wiederverwendung von Requisiten aus anderen Filmen
„Auftreten" verbürgter historischer Personen	siehe oben	siehe oben
Casting / Maske	visuelle Angleichung des Darstellers mit der historischen Figur (Grundlage: bildliche und audio-visuelle Quellen)	siehe oben
Dreh am Originalschauplatz	siehe oben	häufig zerstört oder überbaut; heutige Nutzung abweichend von der früheren
Integration von Text-, Bild- und Filmquellen, Original-Tönen	erlaubt den Vergleich von filmischer Rekonstruktion/Inszenierung und vergangener „Realität", belegt die Korrektheit der Handlung und zeigt Wissenschaftsorientierung, schafft ein zeitgenössisches „Ambiente", knüpft an „Vor-Wissen" an und erhält dadurch Glaubwürdigkeit/Authentizität	Quellen werden entkontextualisiert, das heißt aus dem Zusammenhang gerissen, teilweise verändert, unkritisch als Spiegelung vergangener Realität benutzt, zudem im Spielfilm häufig nur eingesetzt, um ein Zeitambiente zu schaffen
konkrete Angaben zu Ort, Zeit und Personen	führt die Darstellung auf reale Ereignisse und Personen zurück; erlaubt (theoretisch) ein „Überprüfen"; suggeriert Faktenauthentizität	sind in der Regel „korrekt", verschleiern aber, dass der Film notwendig zeitlich verdichtet und personal reduziert erzählt
wissenschaftlicher Beirat/ Experten	in (teil-)fiktionalen Angeboten im Abspann erwähnt, v.a. aber in der crossmedialen Begleitung herausgestellt; in dokumentarischen Angeboten sind sie integraler Bestandteil der Erzählung, „bürgen" für die Wissenschaftlichkeit des Angebotes	problematisches Verhältnis von Regisseur und Experte, Sachrichtigkeit wird inszenatorischen und dramaturgischen Überlegungen nachgeordnet, auch missachtet
crossmediale Verwertung/ Begleitung	v.a. Bücher zur Sendung, Specials auf der DVD-Ausgabe, aber auch viele Beiträge auf den begleitenden Internetseiten betonen Wissenschaftlichkeit und integrieren hier Experten/Angaben zum Forschungsstand	sind meistens eine bloß unkritische Reproduktion des Inhalts der Sendung; zur Funktion der Experten siehe oben
Zeitzeugen	können als Rahmung von Geschichtsspielfilmen (v.a. Doku-Drama) dienen, belegen die Korrektheit der Darstellung, genießen große Glaubwürdigkeit, die sogenannte Autorität des Dabeigewesenen	die notwendige kritische Auseinandersetzung mit der geschichtswissenschaftlich fragwürdigen „Quelle Zeitzeuge" findet nicht statt; Erinnerung wird mit Realität gleichgesetzt, Perspektivität des Zeugen nicht beachtet – außer bei Tätererzählungen zum „Dritten Reich"
Sepia-Tönung oder Schwarz/ Weiß der Bildspur	dient der „Historisierung" des Films als solchem; Angleichung an die kanonisierten Film-/Bildquellen	z.B. in „Schindlers Liste" (USA 1993) und teilweise auch in „Thirteen Days" (USA 2000), verschleiert den Unterschied von deutender Erzählung und Quelle; Studien zeigen, dass derartige Filmbilder stärker für tatsächliche vergangene Realität genommen werden
Zitate	verbürgen die Wissenschaftlichkeit/Korrektheit der Darstellung bis in die Dialoge hinein	verschleiern, dass die übrigen Teile der Dialoge frei erfunden sind, zudem beruhen manche „Zitate" nur auf dem Hörensagen, sind also nicht verbürgt, wie beispielsweise die „lakonischen Sprüche" der Spartaner in „300" (USA 2006; vgl. Seite 44 f.) oder der angebliche Ausspruch Luthers „Hier stehe ich, ich kann nicht anders, Gott helfe mir" in „Luther" (D 2003, vgl. Seite 54 f.)
verwenden zeitgenössischer Sprache (alte Regiolekte/ Dialekte, altertümelnde Sprache oder „Alt-Maya")	siehe oben	ein eher fragwürdiges Konzept, weil sich die „alten Sprachen" als gesprochene Sprache nicht mehr rekonstruieren lassen, zudem werden sie meistens falsch umgesetzt (z.B. „Passion Christi", USA 2004; „Apocalypto", USA 2006; „Die Himmelsleiter", D 2017)

▲ **Authentifizierungsstrategien in Filmen.**
Tabelle erstellt von Oliver Näpel

Fiktion – Authentizität

▲ „Die Abenteuer des Robin Hood."
*Filmplakat von 1938, Regie: Michael
Curtiz und William Keighley, USA.*

▲ „Robin Hood."
*Filmplakat von 1973, Regie: Wolfgang
Reitherman, USA.*

Umgang mit Authentizitätsversprechen ■ In Geschichtsspielfilmen wird weniger Vergangenheit rekonstruiert, als vielmehr diese sinnbildend-deutend zu Geschichte gemacht. In der Regel möchten die Produzenten so ihr eigenes Geschichtsbild verbreiten. Es ist daher von Bedeutung zu überprüfen, ob ihre Deutung und ihre Wertungen triftig sind. Es bleibt eine große Herausforderung, gerade für Laien, zwischen behaupteter und tatsächlicher Triftigkeit zu unterscheiden und das Angebot entsprechend kritisch zu reflektieren. Die Authentizitätsbereiche nach Pandel[1] können ein Ausgangspunkt der Untersuchung sein, in welcher Hinsicht ein Film Authentizität behauptet: die korrekte Nachbildung im Setting (Schauplatz / Ort der Handlung), der Chronologie sowie der konkreten Umstände von Ereignissen; das Auftreten historisch verbürgter Personen; die zeitgemäß denkenden und handelnden, sonst aber fiktionalen Charaktere (Typen); die korrekte Berücksichtigung von Quellen.

Häufig sind es Fehler im Bereich der Fakten und der Rekonstruktion von Äußerlichkeiten, die in Filmkritiken bemängelt werden. Für historisches, kritisches Denken ist es noch wichtiger, sich mit den zugrunde liegenden Geschichtsbildern und Sinnbildungsangeboten auseinanderzusetzen. Untersuchungen, welcher Art die Sinnbildung ist (traditional, exemplarisch, genetisch, kritisch)[2], ermöglichen Einblicke in die Darstellungsabsicht des Produzenten.

Beides muss der kritische Betrachter überprüfen. Es wäre übertrieben zu verlangen, dass dies durch eigenes Quellenstudium oder die Lektüre der Fachliteratur geschehen soll. Erste Anhaltspunkte können z.B. Online-Kommentare und Kritiken überregionaler Zeitungen, Fachportale im Internet sowie Ausstellungskataloge und Fachbücher aus öffentlichen Bibliotheken liefern. Begleitmaterialien zu den Filmen sind in der Regel keine große Hilfe, weil sie unkritisch nur die Korrektheit der Darstellung behaupten und die Inhalte des Angebotes wiedergeben.

Es ist zudem wichtig, sich selbst zu beobachten: Wie hat der Film auf mich gewirkt? Welche Emotionen hat er in mir geweckt? Welche Botschaft habe ich dem Film entnommen? Wie hat er meine Sympathien gelenkt? Im Idealfall kennt sich der Betrachter durch eine vorherige, wissenschaftsorientierte Beschäftigung mit dem Gegenstand bereits aus, also z.B. einem im Geschichtsunterricht behandelten Thema. Auf einer solchen Grundlage kann er Fakt von Fiktion unterscheiden und die Triftigkeit der Deutung einschätzen. Er weiß, ob es unterschiedliche, vielleicht sogar kontroverse Beurteilungen gibt, und kann so erkennen, für welche Seite sich der Produzent entschieden hat bzw. ob er eine ganz eigene Deutung anbietet.

---

[1] Siehe hierzu nochmals M4 auf Seite 20 f.
[2] Vgl. mit M2 (Erzähltypen nach Rüsen) auf Seite 19 f.

Wozu Geschichtsspielfilme? ■ Wenn all dies berücksichtigt wird, stellt sich die Frage, ob es sich überhaupt lohnt, Geschichtsspielfilme anzusehen. Letztlich schauen wir sie ja gerade, weil wir erfahren (und miterleben) möchten, „wie es früher mal war". Unbestreitbar ist, dass Geschichtsspielfilme, einen hohen Unterhaltungswert besitzen. Sie erzählen spannende Geschichten, die Identifikation mit den Protagonisten ist einfach. Man fiebert und zittert mit, hofft auf ein glückliches Ende.

Der Betrachter kann sich natürlich von Geschichtsfilmen auch „nur" unterhalten lassen. „Geschichte" kann, darf und soll auch Spaß machen. Bedingung ist aber, dass das Gesehene nicht mit „Vergangenheit" gleichzusetzen ist, also die eigenen Geschichtsbilder nicht aus Spielfilmen zu ziehen sind. Angesichts der nachhaltigen Wirkung, die spannende Filmbilder in der Regel erzielen, können allerdings unterschwellig Vorstellungen über Vergangenheit geprägt werden, die wenig mit vergangener Realität gemein haben. Die Frage wäre, ob man sich von Filmen und Serien wirklich innerlich lösen kann, die ein eher klischeehaftes Epochenbild zeichnen, wie „*Herr der Ringe*" (USA 2001 - 2003), die vielen Robin-Hood-Verfilmungen oder erfolgreiche Serien wie „*Rome*" (USA 2005 - 2007) oder „*Game of Thrones*" (USA, seit 2011).

▲ „Robin Hood – König der Diebe."
Filmplakat von 1991, Regie: Kevin Reynolds, USA.

▲ „Robin Hood."
Filmplakat von 2010, Regie: Ridley Scott, USA/UK.

■ *Charakterisieren Sie vergleichend, wie Robin Hood auf den vier Filmplakaten (Seite 28 und 29) dargestellt wird. Berücksichtigen Sie dabei Kleidung, Attribute, Mimik und Gestik. Gehen Sie außerdem auf die Bildkomposition (Figuren, Hintergrund etc.) und die Farbgestaltung ein.*
■ *Arbeiten Sie heraus, welches Bild von Robin Hood die Filmplakate jeweils vermitteln wollen.*

Geschichtsdokumentationen – die verlässlichere Geschichtsdarstellung? ■ Geschichtsdokumentationen sind stärker als Geschichtsspielfilme der aktuellen Forschung verpflichtet. Im Idealfall bilden sie den Wissensstand ihrer Entstehungszeit ab, im schlechtesten Fall weichen sie davon ab und erzählen ihre „eigene" Geschichte.

Die folgende Tabelle führt die wichtigsten Bausteine, also typische Gestaltungselemente, von Dokumentationen auf und zeigt, welche Aspekte es im Einzelnen jeweils zu untersuchen gilt:

Bausteine von Dokumentationen	Analyseaspekte
Zeitzeugen	• Aufnahmeort/-zeitpunkt • Zeitspanne zwischen Ereignis und Bericht, Nähe des Zeugen zum Ereignis • Rolle des Zeitzeugen im Berichtszeitraum • Exemplarität der Erfahrung/Erlebnisse • Erinnerung als trügerische Quelle • Art der Befragung (Transparenz) • Deutung durch Kürzung/Kontextualisierung
Experten	• Renommee (= Ruf, Ansehen)/Expertise (= wissenschaftliche Qualifikation) • Einflussmöglichkeiten auf die Darstellung • Belege/Begründungen/Wertungen • Pluralität/Kontroversität
Kommentar (/Moderator)	• Casting • On-/Off-Screen (= der Moderator wird im Bild gezeigt bzw. es ist nur seine Stimme zu hören)
Quellen: abgefilmte Dokumente, O-Töne, Originalfilme (Originalaufnahmen/Filmdokumente)	• Grad der Veränderung (Transparenz) • Erläuterung/Kontextualisierung/Beleg
nachgestellte Szenen	• Authentizitätsgrade (nach Pandel; siehe hierzu auch M4 auf Seite 20f.)
Bilderteppich[1]	• historisiert/unverändert/Perspektive • Quellen als Bilderteppich?
Musik	• Emotionalisierung/Manipulation
Begleitmaterial	• Bildungsverständnis/didaktische Zielsetzung (Inhaltswiedergabe/-bestätigung oder kritische Auseinandersetzung)
Gesamterzählung (Dramaturgie, Plot, Botschaft)	• Korrektheit der Darstellung (Authentizitätsbereiche) • Triftigkeit der Deutung

Tabelle erstellt von Oliver Näpel

Vor allem die Bereiche Experteninterviews und der Einsatz von Zeitzeugenberichten müssen kritisch gesehen werden, weil beide für die Authentizität, die Korrektheit der Darstellung ganz besonders bürgen.

---

[1] **Bilderteppich**: häufig aktuelle Aufnahmen von Schauplätzen, manchmal durch Tönung „historisiert"; manchmal auch Filmdokumente (ohne Tonspur), die den vom Kommentar geschilderten Sachverhalt beispielhaft zeigen sollen, z.B. werden für Unterredungen zwischen Adolf Hitler und Heinrich Himmler immer dieselben Aufnahmen von einem Treffen auf dem Obersalzberg verwendet, weil es für die vom Kommentar beschriebenen Zusammenkünfte keine Filmquellen gibt

Experteninterviews – die Stimme der Wissenschaft? ■ Expertenaussagen sind fester Bestandteil von Geschichtsdokumentationen. Auf der einen Seite kann so der geschichtswissenschaftliche Forschungsstand einer breiteren Öffentlichkeit bekannt gemacht werden. Auf der anderen Seite ist es schwierig, komplexe Sachverhalte fernsehgerecht von Experten so erzählen zu lassen, dass die Ausführungen richtig und angemessen, jedoch auch immer noch der Zielgruppe verständlich und nicht langweilig sind. Die Zusammenarbeit von Experten, Produzenten und Regisseuren gestaltet sich daher nicht immer nur harmonisch, auch weil hier verschiedene Interessen aufeinandertreffen. Dass dann manchmal historische Korrektheit hinter den dramaturgischen Interessen des Regisseurs zurücktritt, führt immer wieder auch zum Konflikt zwischen beteiligten Experten und Produzenten. Dies betrifft nicht nur die oft notwendige Verkürzung ihrer Aussagen in der Sendung, sondern auch die nachgespielten Szenen. Nicht zuletzt wegen der häufig großen Freiheit in der Umsetzung und wegen ihrer primär dramatisierenden Funktion, wie auch dem geringen historischen Gehalt vieler Reenactments, wurden und werden sie seitens der Geschichtswissenschaft als unseriös abgelehnt. Mittlerweile hat sich dieses Stilelement trotz aller Einwände durchgesetzt und ist aus modernen Geschichtsdokumentationen nicht mehr wegzudenken (▶ M6).

Zeitzeugen – eine verlässliche Quelle? ■ Zeitzeugen kommt in Geschichtsdokumentationen eine zunehmend große Bedeutung zu. Sie ermöglichen eine besondere Nähe, erzählen sie doch häufig aus eigener Erfahrung und bieten viele Emotionen. Als unmittelbar am historischen Geschehen Beteiligte haben sie eine besonders hohe Glaubwürdigkeit. Sie waren schließlich dabei.

In den letzten Jahren lässt sich der Trend beobachten, Zeitzeugen- und Experteninterviews visuell zu normieren, gleichförmig zu machen. Die Produzenten setzen die Interviewten vor einen einfarbigen Hintergrund, der seitlich angestrahlt wird. Das Gesicht wird stark ausgeleuchtet in Nahaufnahmen gezeigt. Diese Normierung soll es den Machern erleichtern, die Äußerungen in unterschiedlichen Kontexten immer wieder neu zu nutzen. Nicht nur die Inszenierung durch die Aufnahme selbst, sondern auch ihre Einbindung in die jeweilige Sendung wird filmsprachlich arrangiert.

Gerade weil Zeitzeugen als besonders authentisch erscheinen und sie mit der Autorität eines Zeugen auftreten, ist ihr Einsatz nicht unproblematisch. Sie erzählen in aller Regel nicht zeitnah, sondern in zeitlichem Abstand zum Geschehen. Das wirft Fragen nach der Verlässlichkeit ihrer Erinnerung auf (▶ M7). Zudem sind sie meist nur in kürzesten Ausschnitten zu sehen und zu hören. Der Zuschauer weiß so oft nicht, ob die Zeitzeugen z. B. frei erinnern oder ob sie bewusst zu diesem Bereich der Geschichte befragt wurden (Beeinflussung durch den Interviewer). Da der Gesprächszusammenhang fehlt, besteht die Gefahr, dass sie vom Kommentar oder durch Montage in Zusammenhänge gerückt werden, die ihrer ursprünglichen Aussageabsicht nicht entsprechen.

M1 Filmformate im Überblick

Filmformate	Beispiele mit Triftigkeitsanspruch[1]	Beispiele ohne (oder mit geringem) Triftigkeitsanspruch
Geschichtsdokumentation verwandte Formate: Rückblicke, Geschichtsquiz, Geschichtsshow, Living History und kontrafaktische[2] Dokumentationen (Mockumentarys[3])	• 60 x Deutschland (ARD 2009) • History Quiz (ZDF 2009) • Ultimative Ost-Show (Sat 1 2003) • Die Bräuteschule 1958 (ARD 2007) • Martin Luther: Petra Gerster auf den Spuren des Reformators (ZDF 2016); Luther und die Frauen (ARD 2017) • …	• satirische Jahresrückblicke • Mockumentarys: Der dritte Weltkrieg (ZDF 1998); Kubrick, Nixon und der Mann im Mond (Frankreich 2002) • …
Doku-Drama	• Thirteen Days (USA 2000) • Der Untergang (D/I/RUS/AUT 2004) • …	–
Geschichtsspielfilm (Kino, TV, TV-Mehrteiler/-serie, Zeichentrick- bzw. Computeranimationsfilm, Spielfilmszenen in Computerspielen und Musikvideos) mögliche „Subgenres" von Geschichtsspielfilmen: Western, Kostüm-/Historienfilm, Monumental-/„Sandalen"-Film, Piratenfilme, Mantel- und-Degen-Filme, Fantasy-Filme/-serien und kontrafaktische Geschichtsspielfilme/-serien	• Kinofilm: Ben Hur – Sklave Roms (USA 2016); Nebel im August (D 2016) • Fernsehfilm/TV-Mehrteiler: Die Glasbläserin (D 2016); Unsere Mütter, unsere Väter (D 2013) • Zeichentrickserie: Es war einmal … der Mensch (F 1978); Es war einmal … Amerika (F 1991) • Computerspiel: Assassin's Creed Unity (F 2014) • Musikvideo: We didn't start the fire (Billy Joel, 1989); Wir sind wir (Paul van Dyk und Peter Heppner, 2004) • …	• Kinofilm: Shakespeare in Love (USA 1998); Jäger des verlorenen Schatzes (USA 1981) • Fernsehserie: The Man in the High Castle (Fernsehserie, USA seit 2015); SS-GB (GB 2017) • Zeichentrickserie: Little Amadeus (D 2006); Der kleine Ritter Trenk (D 2011) • kontrafaktischer Geschichtsspielfilm: Inglourious Basterds (USA/D 2009) • …

Tabelle erstellt von Oliver Näpel

1. *Nennen Sie Ihnen bekannte filmische Geschichtserzählungen und ordnen Sie sie den drei Filmformaten der Tabelle zu.*
2. *Verschaffen Sie sich im Internet (z. B. durch Online-Programmzeitschriften und Filmdatenbanken) einen Überblick über aktuelle Geschichtsfilme in Kino und TV. Ordnen Sie die Angebote den in der Tabelle genannten Gattungen und Genres zu. Ergänzen Sie die Tabelle um Angebote zu Genres, die hier noch nicht mit einem Beispiel versehen sind (z. B. Western, Fantasyfilme).*
3. *Diskutieren Sie mit einem Partner, welche Art der filmischen Geschichtsdarstellung Ihnen am besten gefällt und in welcher Hinsicht diese am besten genutzt werden kann.*

[1] Siehe hierzu die Begriffsdefinition „Triftigkeit" auf Seite 11.
[2] **kontrafaktisch**: der Wirklichkeit nicht entsprechend
[3] **Mockumentary**: Dokumentationen, welche die typischen Gestaltungsmittel verwenden und so den Anschein von Authentizität und „Wahrheit" haben, tatsächlich aber eine frei erfundene bzw. bewusst falsche Geschichte erzählen

▲ **Die DDR als Unterhaltungsthema.**
Szene aus der MDR-Show „Ein Kessel DDR", die 2003 ausgestrahlt wurde.

■ *Recherchieren Sie im Internet zum Umgang mit der DDR-Vergangenheit. Konzentrieren Sie sich dabei auf die (N)Ostalgie-Welle zu Beginn der 2000er-Jahre, z.B. durch Rezensionen und Ausschnitte auf Videoportalen. Fassen Sie Ihre Ergebnisse stichpunktartig zusammen.*

■ *Der Entertainer und Moderator Harald Schmidt warf in seiner früheren Unterhaltungssendung „Die Harald Schmidt Show" vor dem Hintergrund der vielen DDR-Shows Anfang der 2000er die Frage auf, warum die Fernsehsender nicht auch eine „Nazi-Show" machen würden. Den satirischen Kommentar von Harald Schmidt aus seiner Sendung finden Sie unter dem Code 7318-02. Beurteilen Sie den Vergleich, den Schmidt zieht.*

M2 Gibt es „die" richtige Erinnerung an die DDR?

Die Auseinandersetzung mit der DDR-Vergangenheit hat im filmischen Bereich längst nicht den Raum eingenommen, den die „andere deutsche Diktatur", das „Dritte Reich", bislang hat. Im filmischen Bereich schwankt das Angebot zwischen (n)ostalgischer Verklärung in Shows und Spielfilm (z.B. „Good Bye, Lenin!" (D 2003), viele „Ost-Shows" zu Beginn der 2000er-Jahre) und der Darstellung des Unrechtsregimes, vor allem konzentriert auf die Stasi (z.B. „Das Leben der anderen" (D 2006)). In der ARD-Fernsehsendung „Kontraste" wurden die Schattenseiten der DDR schon unmittelbar nach dem Fall der Mauer differenziert aufgegriffen. Eine der Sendungen ist insofern ungewöhnlich, als dass sich in ihr eine Täterin, die Inoffizielle Mitarbeiterin Monika Haeger, ausführlich zu ihrer Mittäterschaft äußert. Den knapp 15-minütigen Beitrag „Die Wahrheit muss raus" vom 16. Oktober 1990 können Sie unter dem Code 7318-03 abrufen.

1. *Sehen Sie sich die Dokumentation an und fassen Sie anschließend die wesentlichen Aussagen zusammen.*
2. *Beschreiben Sie die Inszenierung der Zeitzeugenaussage Monika Haegers (z.B. bezüglich der Kameraeinstellungen, des Interviewortes, der Gesprächsführung).*
3. *Geben Sie Haegers Argumente für ihre Stasi-Tätigkeit wieder.*
4. *Analysieren Sie Haegers Auftreten. Welchen Eindruck gewinnen Sie?*
5. *Arbeiten Sie heraus, welche Beurteilung die Dokumentation bezüglich Haegers Stasi-Tätigkeit vermittelt.*
6. *Erörtern Sie, inwieweit die Sendung „Kontraste" zu einem besseren Verständnis des DDR-Unrechtsregimes, aber auch zu einer Diskussion um den „richtigen" Umgang mit dieser Geschichte beitragen kann.*

M3 Originalfilme und Filmdokumente – Spiegel der Vergangenheit?

In einem Brief an das ZDF kritisiert der Zeitzeuge Werner Terpitz (geb. 1928) den Einsatz von Originalmaterial und Filmdokumenten in der fünfteiligen Sendereihe „Hitlers Kinder" aus dem Jahre 2000:

Hilflos muss der Zeitzeuge zuschauen, mit welch einer Beharrlichkeit hier dem Publikum ein schiefes Geschichtsbild vorgeführt wird, wie mit selektiven Mitteln der Nachweis versucht wird, dass die jugendlichen Soldaten, geformt durch die nationalsozialistische Erziehung, nahezu ohne Ausnahme 5

bis zum katastrophalen Ende des Krieges fanatische Kämpfer für Hitler gewesen seien. Was man der Serie, die doch so viele Zeitzeugen vorführt, vorwerfen muss, ist der Verzicht auf Differenzierungen, das Ausblenden aller Grautöne. Es scheint,
10 als habe das überwältigende, einst zu Propagandazwecken produzierte Filmmaterial am Ende noch seine Wirkung auf Guido Knopp[1] und sein Team, die nachgeborenen Redakteure, gehabt.

Sie stellen die „Hitlerjugend" als erfolgreiche ideologische
15 Erzieherin der Jugend vor, so als hätten Eltern und Lehrer ab 1933 keine Rolle mehr gespielt. [...] Es mag ja sein, dass in den Anfangsjahren, als alles noch freiwillig war, der Hitlerjugend vorwiegend „Hitlergläubige" angehörten. Die in der Sendung auftretenden Zeitzeugen, die dies für sich glaubhaft belegen,
20 haben die Redakteure fast nur aus diesen Jahrgängen, nicht aus denen der späteren Kindersoldaten gewählt, vor allem aus der linientreuen Führungsebene. Die Voraussetzungen änderten sich aber, nachdem der HJ-Dienst zur Pflicht geworden war. Jetzt kamen die Kinder naziferner, gar nazikritischer
25 Eltern hinzu, ebenso unsportliche Typen und andere, die keine Lust hatten, ständig zu raufen, auch solche, die körperlich oder geistig unterlegen waren oder die sonst dem propagierten Ideal nicht entsprachen. Gruppendruck schuf keine überzeugten Hitlerjungen. [...] Über den zweimal wöchent-
30 lich stattfindenden „Dienst" [...] wurde ständig gemault. Bald trugen die meisten längst auch bei der HJ das abgeschabte Zivil der letzten Kriegszeit, denn Kinderuniformen waren nicht kriegswichtig – außer eben für Propagandafilme. Weil viele schwänzten, gab es regelmäßig Erfassungsappelle [...].
35 All die großspurigen Ertüchtigungsmaßnahmen sportlicher und wehrtechnischer Art, die in den alten Filmen zu sehen sind, hat der normale „Hitlerjunge" im Krieg ebenso wenig erlebt, wie filmreife Großaufmärsche mit oder ohne Hitler. Nur eine kleine Minderheit meldete sich freiwillig zur Waf-
40 fen-SS. So wenig zeigte bei der Jugend der im 3. Reich eingeübte Hitlerfanatismus seine Wirkung. Zu alledem sagt die Sendung nichts.

Ideologisch konform ging es fraglos in Napola-Schulen[2], Adolf-Hitler-Schulen, HJ-Kampfgruppen usw. zu. Die betrafen
45 insgesamt eine relativ kleine Zahl ideologisch besonders geschulter und sicher auch überzeugter Jugendlicher, deren Eltern dies meist unterstützten. Die hierzu gezeigten NS-Propagandastreifen dürften tatsächlich einigermaßen mit

der Wirklichkeit übereinstimmen. Anders war es mit den Flakhelfern, zu denen geschlossene Jahrgänge normaler 50 Schulen einberufen wurden. Auch die werden in den Nazi-Filmen – es durfte ja nicht anders sein – als systemkonform und damit als ideologisiert gezeigt. Hier hätten die nachgeborenen Fernsehredakteure relativieren können, z. B. anhand der von Hans-Dietrich Nicolaisen publizierten, gründlichen 55 Flakhelfer-Dokumentationen [...]. Der Historiker Nicolaisen wurde als ehemals Betroffener in der arte-Fassung nur mit einer Belanglosigkeit eingeblendet, in der ZDF-Sendung dann ganz weggelassen. Der Fachmann passte offenbar nicht ins Konzept. Andererseits kam eine Dame, die bei Kriegsende 60 noch sehr jung war und behauptete, schon als Kind alle Einzelheiten über den Holocaust gewusst zu haben, immer wieder zu Wort. Hier wäre doch die Frage der Interviewer am Platz gewesen, wer ihr denn dieses Wissen in einer Zeit mitgeteilt habe, in der die Weitergabe solcher Fakten mit Kon- 65 zentrationslager oder Tod bedroht war. [...]

Die Fernsehmacher aber stopfen alles ohne jede Differenzierung in denselben nationalsozialistischen Topf, was ja auch einleuchtend erscheint: Denn Fernsehen will Bilder zeigen. Die aber liegen nur als Nazi-Propagandastreifen vor. Was 70 nicht ins System passte, kam nicht in die Wochenschau. Und was nicht in die Wochenschau kam, kommt folgerichtig auch bei den Produzenten dieses fünfteiligen Streifens nicht vor, weil ohne Bilder kein Fernsehen möglich erscheint. [...]

Wer aber einen Dokumentarfilm drehen und ernst genom- 75 men werden will, der sollte zunächst gewissenhaft feststellen, was die damaligen Akteure wirklich dachten, von welchen Motiven sie getrieben wurden. Wer einer ganzen Generation ein Klischeebild überstülpt, kann vielleicht eine spannende Sendung machen, nicht aber die Wahrheit finden. 80

Nach: www.mitteleuropa.de/terpitz01.htm (Zugriff: 18. Mai 2017)

1. *Fassen Sie knapp die wesentlichen Kritikpunkte an der Sendereihe zusammen.*

2. *Erstellen Sie eine Tabelle, in der Sie die von Terpitz genannten Bausteine, also typische Gestaltungselemente bzw. filmsprachliche Mittel von Dokumentationen, auflisten. Ergänzen Sie in der zweiten Spalte, welche Aussagen die Dokumentation mit ihrer Hilfe macht.*

3. *Die Filmquellenlage zum „Dritten Reich" ist problematisch. Diskutieren Sie in der Klasse, welche Möglichkeiten ein Produzent hat, Lücken im Filmquellenmaterial zu schließen.*

---

[1] **Guido Knopp** (geb. 1948): Historiker und Moderator. Seine für das ZDF produzierten Sendungen vor allem zu zeitgenössischen Geschichtsthemen zogen zwar Millionen Zuschauer an, stießen aber in der Fachwelt häufig auf Kritik.
[2] **Napola-Schulen**: Napola ist die Abkürzung für Nationalpolitische Erziehungsanstalten. Das waren Eliteinternate mit dem Auftrag, die Schüler im Sinne des Nationalsozialismus zu erziehen.

M4 Authentizität

Eva Pirker und Mark Rüdiger beschäftigen sich in der Einleitung ihres Sammelbandes zur populären Geschichtskultur mit Aspekten der Authentizität in filmischen Erzählungen:

Authentizität ist ein Schlüsselbegriff im Umgang mit Geschichte. Das Authentizitätsversprechen, also die Wiedergabe einer in der Vergangenheit tatsächlich so geschehenen Wirklichkeit, ist Charakteristikum vieler geschichtlicher Darstel-
5 lungen. Authentizität scheint geradezu konstitutiv für Geschichtspräsentationen zu sein; unser Geschichtsbewusstsein, so Hans-Jürgen Pandel, stelle ständig Authentizitätsansprüche, denn „es will wissen, ob etwas tatsächlich der Fall gewesen ist oder nicht". Der Authentizitätsanspruch scheint also
10 eng mit jeglicher Beschäftigung mit Geschichte verwoben zu sein. [...]
[Es] sind zwei dominante Modi innerhalb der Zuschreibungsfelder für das Authentische identifizierbar: derjenige des authentischen Zeugnisses und derjenige des authentischen
15 Erlebens. Zum Zeugnis gehören die Objektgruppen der Quellen, der Zeitzeugen [*und der Originalfilme bzw. Filmdokumente; Ergänzung durch den Verfasser*], kurz die Suggestion eines Originalen, eines Relikts aus der Vergangenheit, das durch seine historische Echtheit selbst zu wirken scheint.
20 Zum Erlebensmodus gehören Repliken, Kopien, das Nachspielen und Reenactment, das Evozieren[1] eines „authentischen" Gefühls, Zeitstimmung oder -atmosphäre durch Annäherung an das Original oder Erzeugung einer plausiblen bzw. typischen Vergangenheit mit Mitteln der Gegenwart. [...] Wäh-
25 rend im Zeugnismodus das Objekt als Repräsentant von Vergangenem im Mittelpunkt steht, ist im Erlebensmodus das Subjekt und dessen Gefühls- und Lebenswelt zentral. [...]
[A]uch in populären Geschichtsdarstellungen in Film und Fernsehen gehört die Suggestion von Authentizität zu den
30 Vermarktungsstrategien, die auf die Betonung des „Geschichtsträchtigen" der jeweiligen Produkte abzielen. Nicht zufällig scheint hier bereits die Wahl von Genres wie dem „Dokudrama" oder der „Historischen Dokusoap" das Eindringen in authentische vergangene Realitäten zu versprechen.
35 [...] Dabei erzeugen und versprechen die verschiedenen Formen und Elemente unterschiedliche Authentizitätseffekte: Die traditionell historische Dokumentation verwendet vor allem vermeintliche „Originalaufnahmen" und Fragmente aus Zeitzeugenaussagen, um eine Objektauthentizität zu
40 erzeugen. Dagegen setzen Dokudramen auf detailgenaue Kulissen und glaubwürdige oder plausible Geschichten, um

die Zuschauer Geschichte erleben zu lassen, also auf die Subjektauthentizität: „Die Dialoge hätten sich so abspielen können", ist der Grundtenor der Authentizitätsversprechen der Produzenten. Allerdings ist innerhalb dieser formal klar 45 getrennten Genres eine zunehmende Vermischung [...] zu beobachten. Ein Beispiel hierfür ist die verstärkte Verwendung von Reenactment-Szenen in historischen Dokumentationen, deutlich sichtbar in der sehr erfolgreichen [...] Dokumentationsreihe *Die Deutschen.* 50
Die verschiedenen Formen nutzen somit unterschiedliche Authentifizierungsstrategien, um das Authentizitätsversprechen bei Produzenten und Rezipienten einzulösen und ihre Darstellung als „historisch" zu kennzeichnen. [...] Ein wichtiger Aspekt [...] ist die Verknüpfung mit „Vor-Wissen" und 55 „Vor-Bildern", welche die Rezipienten aus der populären Geschichtskultur kennen. Hierzu gehören beispielsweise die Bildikonen des kollektiven Gedächtnisses oder nationale Meistererzählungen. Werden bekannte Bilder und Narrative reproduziert, so erfüllen sie eine Erwartungshaltung der 60 Zuschauer nach Anknüpfungspunkten, und das Gesehen wird folglich als „authentisch" rezipiert. Die Produkte der populären Geschichtskultur und die Geschichtsbilder, die sie präsentieren, aktualisieren kollektive Gedächtnisse und prägen die Authentizitätserwartungen der Rezipienten ebenso 65 wie die der Produzenten.

Eva Ulrike Pirker und Mark Rüdiger, Authentizitätsfiktionen in populären Geschichtskulturen. Annäherungen, in: Dies. u. a. (Hrsg.), Echte Geschichte. Authentizitätsfiktionen in populären Geschichtskulturen, Bielefeld 2010, S. 11-30, hier S. 12-21

1. *Formulieren Sie Zwischenüberschriften und geben Sie den Inhalt der Passagen in eigenen Worten wieder.*
2. *Erklären Sie den Unterschied zwischen Subjekt- und Objektauthentizität.*
3. *Nehmen Sie Stellung, inwiefern die Erwartungshaltung der Rezipienten wichtig für die „Authentizität" eines Angebotes ist. Beziehen Sie auch Ihren eigenen Umgang mit filmischen Geschichtsangeboten ein.*

---
[1] **evozieren**: hervorrufen

▲ **Gefangennahme.**
Standbild aus dem Film „Apocalypto" von 2006.
Der Jäger „Pranke des Januars", gespielt von dem US-Amerikaner
Rudy Youngblood, wird von städtischen Kriegern in seinem Dorf
überfallen und gefangengenommen.

M5 Geschichtsdeutungen erkennen und hinterfragen

Mit seinem Film „Apocalypto" (USA 2006) thematisiert der
Regisseur Mel Gibson den Niedergang der altamerikanischen
Hochkultur der Maya. Die Handlung spielt unmittelbar vor
ihrer „Entdeckung" durch die Europäer. Im Mittelpunkt stehen
zwei Gruppen: auf der einen Seite friedliche, in Harmonie zu-
sammenlebende Waldbewohner, auf der anderen Seite städti-
sche Krieger, die ihre Siedlung überfallen und sie gefangen
nehmen, um sie in der Stadt den Göttern zu opfern. Wald- und
Stadtleben werden hier als Gegensatzpaar konstruiert. Die
Haupthandlung besteht aus dem Überfall, der Verschleppung
und erfolgreichen Flucht eines der Gefangenen. Die Jagd auf
ihn wird von der Anlandung der europäischen Eroberer unter-
brochen. In einer Nebenhandlung versteckt sich die hoch-

schwangere Ehefrau des verschleppten Kriegers während des
Überfalls in einem Brunnen, der sich wegen andauernder Re-
genfälle langsam mit Wasser füllt, sodass sie zu ertrinken
droht. Sie bekommt zum Ende des Films dort ihr Baby und wird
letztlich vom erfolgreich geflohenen Ehemann gerettet.
Der Film wurde sehr aufwändig produziert, war aber mit einem Einspielergebnis von ca. 120 Millionen US-Dollar nur
mäßig erfolgreich. Die Kritiken fielen sehr unterschiedlich aus.
Gibson bemüht zahlreiche Authentifizierungsstrategien (siehe
hierzu die Tabelle auf Seite 27), um so den Realismus und die
Triftigkeit seiner „Geschichte" zu untermauern. So lässt er die
Darsteller die Originalsprache der Maya sprechen, was nach
Meinung einiger Kritiker völlig misslungen ist.
Eine Gesamtsicht des Films ist nicht notwendig, weil der Trailer
sehr anschaulich die Machart, die Handlungsstränge, die filmi-
sche Charakterisierung und Inszenierung der beiden Gruppen
wie auch die Deutung bzw. „Botschaft" Gibsons erkennen lässt.
Unter dem Code 7318-04 können Sie den englischsprachigen
Trailer abrufen. Die Schlussszene des Films finden Sie unter dem
Code 7318-05.

▲ Kolumbus betritt amerikanischen Boden.
Nachträglich kolorierter Kupferstich (16,4 x 19,3 cm) aus dem 4. Band der „Sammlung von Reisen in das westliche Indien (America)" von 1594, herausgegeben vom Frankfurter Verleger, Kunsthändler und Kupferstecher Theodor de Bry.

1. Beschreiben Sie, welchen Eindruck der Trailer auf Sie macht.

2. Betrachten Sie den Trailer erneut und machen Sie sich Notizen zur Darstellung der beiden Gruppen. Wie und wodurch werden sie charakterisiert? Erstellen Sie eine Tabelle, in der Sie den Gruppen filmsprachliche Mittel (z. B. Kameraführung, Perspektive, Einstellungsgrößen, Musik) und ihre Wirkung zuordnen.

3. Analysieren Sie, welche Authentifizierungsstrategien verwendet werden. Listen Sie sie auf und beschreiben Sie die intendierte Funktion und Wirkung.

4. Schauen Sie sich die Schlussszene des Films und den Kupferstich von de Bry auf dieser Seite an und beschreiben Sie beide Quellen.

5. Vergleichen Sie den Kupferstich mit dem Filmausschnitt und arbeiten Sie Gemeinsamkeiten und Unterschiede heraus.

6. Analysieren Sie Kupferstich und Filmausschnitt: Welche Botschaften werden jeweils vermittelt?

7. Erläutern Sie die Botschaft des Films. Berücksichtigen Sie dabei die Charakterisierung der beiden Gruppen (Wald-/ Stadtbewohner), wie ihre jeweilige Kultur filmisch dargestellt wird und das folgende Historikerzitat, das in der englischsprachigen Fassung zu Beginn des Films eingeblendet wird: „A great civilization is not conquered from without until it has destroyed itself from within." Das Zitat stammt von dem US-Amerikaner William Durant (1885-1981), der sich mit seinem Urteil eigentlich auf das – ebenfalls legendäre – „dekadente Rom" der Antike bezieht. (Eine Hilfestellung zur Beantwortung der Frage finden Sie auf der nächsten Seite.)

Folgende Informationen können Ihnen bei der Beantwortung von Frage 7 helfen: Die Eroberung der Neuen Welt durch europäische Mächte hatte katastrophale Auswirkungen auf die indigene Bevölkerung. Ihre Kulturen wurden fast vollständig zerstört. Berücksichtigen Sie, dass wir heute wissen, dass die Eroberung Alt-Amerikas den „Untergang" der dortigen Hochkulturen zur Folge hatte. Das Vorgehen der Eroberer war – aus heutiger Sicht – außerordentlich brutal und skrupellos. Ihre Darstellung der Ereignisse ist in der Regel durchsetzt von propagandistischen Legitimationen (Rechtfertigungen), die v. a. die Wildheit und „Barbarei" der ausgebeuteten und vernichteten Völker betonen.

8. Nehmen Sie Stellung zum Film und seiner Deutung in Form einer Filmkritik. (Eine Hilfestellung bietet der blaue Kasten.) Berücksichtigen Sie Authentifizierungsstrategien, filmsprachliche Mittel und seine „Botschaft" (siehe dazu auch Ihre Arbeitsergebnisse aus den Fragen 2, 3 und 7).

9. Vergleichen Sie Ihre Ergebnisse mit anderen Kritiken zu Gibsons Film. Recherchieren Sie dazu Filmkritiken im Internet.

Eine Filmkritik erstellen

Aspekte, die in einer Kritik besprochen und beurteilt werden:

- *Genrezuordnung*
- grobe *Inhaltszusammenfassung*
- *Beurteilung des Plots / der Handlung* (z. B. überzeugend, unwahrscheinlich, spannend ...)
- *Dramaturgie* (Erzählstruktur / -verlauf; z. B. klischeehaft, vorhersehbar, überraschend, verwirrend ...)
- *filmische Machart / auffällige filmsprachliche Mittel*
- *Filmästhetik*
- *Stärken und Schwächen* (auch im Vergleich mit geschichtswissenschaftlichen Erkenntnissen und anderen filmischen Darstellungen)
- Abschluss durch eine *Sehempfehlung*

▲ **Dreharbeiten zum Film „Apocalypto".**
Foto von 2006.

▲ **Gerd Althoff.**
Foto vom Oktober 2011.

M6 Experteninterview

Der Mittelalterhistoriker Gerd Althoff von der Universität Münster ist als Experte an mehreren TV-Produktionen beteiligt. In einem Interview aus dem Jahre 2017 erzählt er von seinen Erfahrungen:

Näpel: Sie waren als Experte schon häufiger bei der Produktion von Geschichtsdokumentationen beteiligt. Welche Vorteile sehen sie in einer solchen Zusammenarbeit?

Althoff: Die Vorteile sind eindeutig, dass man natürlich ein
5 großes Publikum erreicht. Bei der Sendung „Die Deutschen"[1] an der ich ja mitgewirkt habe, war dann plötzlich eine Zuschauerzahl von vier bis fünf Millionen da zur Prime-Time abends um zwanzig Uhr, und das ist natürlich schon eine Sache [...], von der man eigentlich nicht mal träumen kann.
10 Das hat auch die Fernsehleute bewogen, die Sendungen so zu gestalten, dass sie, ich will nicht sagen reißerisch, aber dass sie im Grunde genommen ein breites Publikum ansprachen. [...] [Das geschah dann durch] zum Teil auch relativ rüde Reenactments, also der Darstellung von Geschehen, was es
15 so gar nicht gegeben hat. Da kommt dann auch gleich die Gefahr, dass es eine Spannung gibt zwischen dem, der eine

---

[1] Mehrteilige Geschichtsdokumentation des ZDF in zwei Staffeln (2008 / 2010), auf der Internetseite des Senders weiterhin abrufbar.

Ware verkaufen will an ein großes Publikum, und dem, der seriöse Aussagen machen kann, will und deswegen häufig nur sagen kann: „Darüber wissen wir nichts. Das wissen wir nicht so genau. Das verstehe ich auch nicht. Ich kann mich 20 nicht in das Gemüt eines mittelalterlichen Herrschers oder auch Geistlichen oder in welches Gemüt auch immer hineindenken, weil die Leute uns fremd sind."
Und diese Spannung ist im Grunde genommen auch das Problem, das man dabei immer hat. Das führt dazu, dass 25 beide Seiten, also die wissenschaftliche Seite, die dort als Experte auftritt, und die Seite, die diese Sendung verantwortet und ja auch ein Konzept hat. Dass die sich zum Teil ungerne in die Karten schauen lassen. Daraus folgt für mich eine Regel, die ich aber erst gelernt habe bei der Arbeit, dass 30 man bis ins Drehbuch hinein mitarbeiten dürfen muss. Sonst wird man zum Expertendarsteller, der Dinge vertritt, die dann im Gesamt des Films [...] benutzt werden. Zum Teil dann in eigenartiger Weise, zur Bemäntelung oder zur bloßen Andeutung von Expertise und Wissenschaftlichkeit, die es in Wirk- 35 lichkeit gar nicht gegeben hat. Und da sind zum Teil die Dinge sehr krass. [...]
Ich habe in zwei Sendungen der „Deutschen" mitgemacht, sowohl bei Otto dem Großen als auch bei Heinrich IV., und habe zwei völlig unterschiedliche Erfahrungen gemacht. Die 40 eine Erfahrung, die positive, war, dass ich mitgearbeitet habe am Drehbuch und auch Ideen von mir darin enthalten sind in der endgültigen Fassung. Diese Folge ist im Grunde genommen in Zusammenarbeit entstanden und dadurch ist das eigentlich eine erfreuliche Sache gewesen, sowie ich es 45 eigentlich auch mit anderen Sendern dann mehrfach praktiziert habe. In dem anderen Fall war es so, dass der Regisseur und auch der Drehbuchautor sehr genaue Vorstellungen hatten, was sie wollten, und dass sie mich von vornherein eigentlich nur zur Füllung von einigen Versatzstücken haben 50 wollten und mir auch das Drehbuch nur ganz grob mal erklärt haben. Ich bin da auf eine Stelle gestoßen, zu der ich gesagt habe, die ist so weit weg von dem, was die Quellen hergeben, dass ich da nicht mitmache, wenn es diese Szene gibt. 55

Näpel: Um welche Szene handelte es sich da genau?
Althoff: Es ging um die Versöhnung zwischen Otto dem Großen und seinem Sohn Liudolf und die ist gut bezeugt. Das ist sozusagen ein übliches Unterwerfungsverfahren mit Verzeihen des Vaters, richtig nach dem Gleichnis vom verlorenen 60 Sohn in der Bibel gestaltet. Das sollte umgedeutet werden dahingehend, dass Vater und Sohn sich zwar versöhnen, aber dass die Helfer dieses Sohnes alle geköpft werden und die Köpfe an Stangen aufgestellt werden und dann Vater und Sohn an diesen Stangen vorbeigingen und der Sohn seinem 65 engsten Freund, dem geköpften Freund, die Augen zudrückte.

Das war völlig abwegig. [...] Diese Stelle ist dann zwar gestrichen worden, aber ich habe seitdem nicht mehr in das Drehbuch schauen dürfen und dadurch ist letztendlich eine Sen-
70 dung entstanden, die einen Experten hatte, der etwas kommentierte, was er gar nicht kannte und was überhaupt nicht mit seinen Vorstellungen übereinstimmte. Ich bin dann häufiger angesprochen worden, also was da los gewesen wäre, ob ich vergessen hätte, was ich mal geschrieben hätte
75 und so weiter und das war richtig ein Beispiel für eine missglückte Zusammenarbeit.

Näpel: Ist das eine typische oder eher eine außergewöhnliche Erfahrung für Sie?

Althoff: Nein, die Erfahrung macht man eigentlich bei jedem
80 Projekt [...]: Dass die einen sagen, wir müssen etwas anschaulich darstellen und es muss eine klare Botschaft da sein, sodass man das wirklich in der Form dann zu einem Film mit Schauspielern und so weiter machen könnte. Die Geschichte hat aber nicht so viele klare Botschaften überliefert. Man
85 weiß eben nicht, was die geredet haben, man weiß auch nicht, was sie in einer bestimmten Situation genau gefühlt haben. Aber das muss nach der Philosophie der Filmemacher in dem Film klar rauskommen. Deswegen hat man häufig gestritten, ob man überhaupt wörtliche Rede simulieren
90 kann, selbst wenn sie stilisiert und nachformuliert ist.
Das ist in einigen Fällen möglich, ich habe dann irgendwann gesagt, ja gut, die Auseinandersetzung zwischen Heinrich IV. und Gregor VII., da gibt es seitens des Papstes siebenundzwanzig Leitsätze, die sind formuliert und betreffen die An-
95 sprüche des Papsttums. Die kann auch der Gregor [im Film] sagen in einem Streitgespräch. Das ist zwar auch nicht bezeugt, dass es dieses Streitgespräch gegeben hat, aber man hat einen Text, der zumindest die richtigen Sätze, die der Papst unterstrichen hat und die seine Geltungsansprüche
100 betreffen, und die er sicher auch gesagt hätte in einer solchen Situation. Und in anderen Bereichen sind dann eben einfach entweder rührselige oder brutale Statements gekommen, von denen man nicht mal weiß, ob sie auch nur in etwa die Position der Akteure wiedergeben, und da sagt natürlich
105 dann der Wissenschaftler schnell: „Stopp, das geht nicht mehr."

Näpel: Im Spielfilm ist die Notwendigkeit, Dialoge z.B. zu „erfinden", noch größer. Wie stehen Sie dazu?

Althoff: Es ist ja bekannt, dass Literatur und Kunst mehr
110 „darf" als Wissenschaft. [...] Eine literarische Darstellung, eine fiktionale Darstellung kann sich ja hineinversetzen in eine Person und dann im Grunde genommen diese Person, tja, entweder nach den eigenen Kriterien handeln lassen oder nach den Kriterien, die man sich angelesen hat, also da ist
115 Fantasie befreit und geradezu sozusagen nötig, um im Grunde genommen ein Bild zu zeichnen, was alle interessiert.

Das ist aber für Historiker nicht möglich, denn Historiker können nicht die Lücken der Überlieferung mit ihrer ungebremsten Fantasie füllen. Wenn sie das täten, wären sie eben auch Literaten. Die Grenze ist meines Erachtens zu beachten, 120 weil sie sinnvoll ist. Und da beißen sich permanent natürlich diejenigen, die sich auch als Künstler fühlen, indem sie Fernsehfilme machen und diejenigen, die sagen, es gibt das Vetorecht der Quellen: Wenn die Quellen nichts oder etwas anderes aussagen, kann man die Dinge nicht so zeigen oder 125 sollte man sie nicht so zeigen.

Hier ein Beispiel aus einer jüngeren Sendung: Da ritt der König neben einer Kutsche her, in der seine Tochter oder Gemahlin saß, und hatte die Krone auf dem Kopf. Das ist zwar wunderschön als Markierung des Königs, aber es ist natürlich 130 vollkommen grotesk anzunehmen, dass ein König beim Reiten die Krone auf dem Kopf hatte. Dies ist nur ein Beispiel dafür, wie schnell man im Grunde genommen beim Anschaulichmachen, handwerkliche Fehler macht, die grotesk sind. 135

Das Interview führte Oliver Näpel mit Gerd Althoff im Januar 2017. Es wurde sprachlich geglättet und stark gekürzt.

1. *Geben Sie die positiven und negativen Erfahrungen Althoffs wieder.*

2. *Arbeiten Sie heraus, in welcher Hinsicht Althoff mit der Folge zu Otto dem Großen unzufrieden ist.*

3. *Erläutern Sie, welchen Unterschied Althoff zwischen Geschichtsdarstellungen in Dokumentationen und in Spielfilmen macht. Wie begründet er das?*

4. *Beziehen Sie Althoffs Ausführungen auf die geschichtswissenschaftliche Methode (siehe dazu nochmals M1 auf Seite 13). Welche Grenzen sind dem historischen Erkenntnisprozess nach Althoff gesetzt? Welche Möglichkeiten gibt es, diese „Mängel" auszugleichen?*

5. *Die Folge „Otto und das Reich" wird Althoffs Anspruch nach Wissenschaftlichkeit nicht gerecht. Schauen Sie sich die rund 43-minütige Dokumentation auf der Internetseite des ZDF in Auszügen an. Können Sie Althoffs Kritik nachvollziehen?*

6. *Wenn man sich mit einem Thema noch nicht gut auskennt, ist es schwer zu erkennen, ob die Experten tatsächlich den Forschungsstand korrekt repräsentieren können. Diskutieren Sie mit einem Partner Möglichkeiten, die Verlässlichkeit von Dokumentationen zu überprüfen.*

M7 Zeitzeugen

Zeitzeugen sind in Dokumentationen unverzichtbarer Bestandteil. Sie sind zwar häufig nur in kurzen Ausschnitten zu sehen und hören, aber sie hinterlassen dennoch starke Eindrücke. Als Teil von „Oral History" (siehe dazu Material b) haben sie zudem auch Eingang in die Schule gefunden. Es gibt hierfür sogar „Zeitzeugenbörsen", die sie an Schulen vermitteln. Die Geschichtswissenschaft beschäftigt sich in der Regel kritischer mit dieser „Quelle" als es im Geschichtsunterricht und der Populärkultur geschieht.

Hinweis: Die folgenden Materialien (a bis c) können entweder arbeitsteilig, in Auswahl oder auch insgesamt bearbeitet werden. Bevor Sie sich mit ihnen auseinandersetzen, notieren Sie sich stichpunktartig Ihre spontanen Gedanken zu Vor- und möglichen Nachteilen der „Quelle Zeitzeuge".

a) Der Historiker Sönke Neitzel skizziert als Vorsitzender des Wissenschaftlichen Beirates des Online-Zeitzeugenarchivs „Gedächtnis der Nation" einige Probleme von Zeitzeugeninterviews als geschichtswissenschaftliche Quelle:

Jean Piaget wächst mit der lebhaften Erinnerung auf, dass er im Alter von zwei Jahren beinahe entführt worden wäre. Immer wieder sieht er einen Mann, der ihn bedroht, sein Kindermädchen, das ihn tapfer verteidigt, und ihr Gesicht,
5 das in dem sich ergebenden Handgemenge zerkratzt wird. Erst als er 15 Jahre alt ist, stellt sich heraus, dass das Kindermädchen sich die ganze Geschichte nur ausgedacht hatte. Obwohl Piaget jahrelang fest davon überzeugt war, das Ereignis genau zu erinnern, war es doch nur eine Fiktion.
10 Die Geschichte des berühmten Schweizer Psychologen zeigt, wie problematisch Zeitzeugenerinnerungen als Quelle zu behandeln sind. Sie bieten keinen objektiven Blick in die Vergangenheit, sondern zeigen eine vielfach gefilterte und von zahlreichen Einflüssen verzerrte Sicht auf die Geschichte.
15 Das menschliche Gedächtnis funktioniert nämlich nicht wie ein sorgsam geordnetes Bilderalbum, in dem Erinnerungen unverändert und unverrückbar „eingeklebt" sind. Vielmehr werden unsere Wahrnehmungen auf sehr komplexe Weise vom Gehirn gefiltert, in Einzelteile zerlegt und dann – wenn
20 wir uns erinnern – wieder zusammengesetzt. Unsere Erinnerung gleicht also mehr einem Haufen von einzelnen Fotografien, die – einem Puzzlespiel gleich – immer wieder neu zusammengesetzt werden müssen. Und diese Rekonstruktion entspricht nur in den seltensten Fällen ihrem ursprünglichen
25 Input.
Dabei beeinflussen eine Vielzahl von Faktoren den Prozess der Wahrnehmung, Speicherung und Abrufung. So werden eigene Erinnerungen auch mit späteren Geschehnissen oder Erzählungen Dritter vermischt und je häufiger sie abgerufen
30 werden, desto mehr können sie sich im Lauf der Zeit verändern. Nicht umsonst wird dasselbe Ereignis von mehreren Personen meist ganz unterschiedlich memoriert.
Die moderne Erinnerungsforschung interessiert sich vor allem für die Art und Weise, wie Zeitzeugen ihre Erlebnisse
35 rekonstruieren, was Jahrzehnte danach berichtet und was weggelassen, was sachlich geschildert und was emotional ausgeführt wird. So versucht man einer übergreifenden Grammatik der Erinnerung nachzuspüren, die die deutsche Erinnerungskultur prägt und etwas darüber aussagt, wie sich unsere Gesellschaft mit ihrer Vergangenheit beschäftigt.
40 Trotz aller Fehlerhaftigkeit des menschlichen Gedächtnisses bleiben Zeitzeugen allerdings wichtige Quellen für die Rekonstruktion historischer Ereignisse. Eine angemessene Quellenkritik vorausgesetzt helfen uns Zeitzeugenerinnerungen vor allem in jenen Bereichen etwas über die Vergangen-
45 heit zu erfahren, in denen es nur wenige schriftliche Überlieferungen gibt. Man denke nur an die Geschichte des Widerstandes im Dritten Reich oder des Holocaust. Und sie ergänzen andere Quellen geradezu ideal, indem wir durch sie soziale Netzwerke besser verstehen und beispielsweise das
50 Innenleben von Institutionen besser erfassen können.
Die moderne Geschichtswissenschaft hat ein differenziertes Bewusstsein dafür geschaffen, wie mit Zeitzeugenberichten quellenkritisch operiert werden sollte. Bei der Rekonstruktion von Ereignis und Erinnerung sind sie – je nach Fragestellung
55 – nach wie vor von unschätzbarem Wert.

Nach: www.gedaechtnis-der-nation.de/bilden/wissenschaft
(Zugriff: 18. Mai 2017)

b) Der Geschichtsdidaktiker Michael Sauer schätzt Zeitzeugenbefragungen wie folgt ein:

„Oral History" nennt man die Methode, durch Befragung von Zeitzeugen etwas über Geschichte zu erfahren. Sie wurde zuerst und zumeist in den USA praktiziert und ist von dort zu uns gekommen. Für den Geschichtsunterricht bietet sie eine
60 ganze Reihe von Vorzügen, aber auch Gefahren. Die Vorteile:
- Wer Zeitzeugen interviewt, erfährt eine unmittelbare Begegnung mit gelebter, gleichsam authentischer Historie. Geschichte „aus erster Hand" kann Schülerinnen und Schüler in ganz anderer Weise fesseln als die distanzierte
65 und gleichsam klinisch reine Darbietung von Geschichte im Schulbuch. Freilich kommt dabei nur die jüngere Vergangenheit infrage.
- Zeitzeugen rücken Aspekte von Geschichte ins Bewusstsein, die bei der Behandlung der „großen Geschichte" oft
70 zu kurz kommen. Sie erzählen meist eine „Geschichte von unten", berichten wie sie als „kleine Leute" in historischen

Verhältnissen gelebt und geschichtliche Ereignisse erfahren haben. Mit anderen Worten: Zeitzeugen können vor

75 allem zu alltags- und mentalitätsgeschichtlichen Einsichten verhelfen. Schülerinnen und Schüler können ihre Eltern und Großeltern, Freunde und Nachbarn als solche „Experten des Alltags" entdecken. [...]

Gerade die Faszination von Zeitzeugen kann aber auch ge-

80 fährlich sein. Was ein Zeitzeuge erzählt, wird leicht für bare Münze genommen – er war ja schließlich dabei. Die Art und Weise, wie heutzutage Zeitzeugen in historischen Fernsehsendungen (vor allem von Guido Knopp) präsentiert werden, leistet dem kräftig Vorschub [...]. Sie werden in Szene gesetzt

85 als jene, die wissen, wie es wirklich war. Zeitzeugen werden sozusagen als die besseren Historiker präsentiert – diese treten im Fernsehen meist gar nicht erst in Erscheinung.

Aus diesem Grund ist für Schülerinnen und Schüler die Einsicht elementar, dass Zeitzeugenaussagen subjektive Zeug-

90 nisse der Vergangenheit sind: Wie alle Arten von Quellen müssen sie kritisch im Hinblick auf Perspektive, Werturteile usw. befragt werden. Ein Weiteres kommt hinzu: Die wiedergegebene Erinnerung kann durch Vieles beeinflusst sein – durch Vergessen oder Verdrängen, durch nachträgliche

95 Rechtfertigung, Stilisierung und Harmonisierung, durch das Einfließen späterer Erfahrungen und Kenntnisse. Wenn sie sich damit intensiv genug befassen, sind Zeitzeugenaussagen wiederum besonders gut dafür geeignet, Schülerinnen und Schülern die Probleme von Überlieferung und Perspek-

100 tivität vor Augen zu führen.

Michael Sauer, Geschichte unterrichten. Eine Einführung in die Didaktik und Methodik, Seelze-Velber 2001, S. 196 f.

c) Der Beitrag „Die letzten Zeugen – wenn Oma und Opa von Hitler erzählen" (SWR 2001)[1] beschäftigt sich mit den Hintergründen des Zeitzeugeneinsatzes in Geschichtsdokumentationen. Die Produzenten zeigen zum einen die Produktionsbedingungen (Interview im Jahrhundertbus, Zeitzeugenbörsen), verweisen zum anderen auch auf einige Probleme. Es werden auch Experteninterviews verwendet, die sich zur Funktion und möglichen Problemen von Zeitzeugen als Quelle äußern:

Ich finde erstens, dass diese Menschen ungeheuer unter Stress stehen, wenn sie so etwas machen. Dass dann ihre Texte sozusagen absolut gesetzt werden. Sie haben das gesagt. Sie können es nicht mehr widerrufen. Sie haben sich

105 exponiert[2]. Das kann eigentlich nicht gutgehen und die Gefahr ist, dass sie dann nur dazu dienen, in irgendeiner Fernsehsendung als Beleg oder als emotionale Beigabe aufzutreten, bewegende Bilder zu liefern, bewegende Statements.

(Margarete Dörr, Historikerin)

Dieser Zeitzeuge hat zwischen dem Ereignis, über das er befragt wird, und dem Zeitpunkt, wo er befragt wird, ja 50, 60 110 Jahre lang gelebt; hat gelesen, hat Filme gesehen, hat gesehen, wie der Gegenstand, um den es ihm geht, wie der behandelt wird in der Öffentlichkeit. Er ist also konfrontiert mit der öffentlichen Meinung schon über das, was er erlebt hat.

(Michael Buddrus, Historiker, Berater von Guido Knopp, Text 1)

Da kommen ganz gewiss andere Geschichten raus als würde 115 er zu Hause sitzen und seiner Enkelin etwas erzählen, weil die Situation, in der man erzählt, sehr stark dafür bestimmend ist, was für eine Geschichte konstruiert wird, weil alle Menschen Dinge erzählen, von denen sie erwarten, dass das Gegenüber die hören will. 120

(Harald Welzer, Erinnerungsforscher)

Während vom Historiker vorausgesetzt wird, dass er jede Quelle, die er entdeckt, jedes Foto, jedes Aktenstück, jedes Schriftstück ganz genau analysiert, eine intensive Quellenkritik betreibt und auf dem letzten Stand der Forschung seine Dokumente beurteilt, ist es bei Zeitzeugen vielfach nicht der 125 Fall. Sie werden als das genommen, was sie sind. Sie werden als Autoritäten hingestellt. Die Sätze, die sie sagen, stehen scheinbar fest. Sie werden einerseits als illustratives Moment benutzt, um das zu illustrieren, was der Filmautor gerne möchte, und sie werden hingesetzt als scheinbar unverrück- 130 bare Quelle, die nicht befragt wird, wo kein Dialog stattfindet.

(Michael Buddrus, Historiker, Berater von Guido Knopp, Text 2)

Transkription von Oliver Näpel aus der Dokumentation „Die letzten Zeugen – wenn Oma und Opa von Hitler erzählen"

1. *Fassen Sie mit eigenen Worten die Vor- und Nachteile des Zeitzeugeneinsatzes in Geschichtsdokumentationen zusammen (Materialien a bis c).*

2. *Die Wissenschaftler äußern sich in der SWR-Dokumentation ausschließlich negativ über den Zeitzeugeneinsatz (Material c). Vergleichen Sie ihre Einstellungen mit einer der Äußerungen in den anderen Materialien (a oder b). Welche Unterschiede, welche Gemeinsamkeiten können Sie feststellen? Erstellen Sie eine schriftliche Gegenüberstellung der Positionen.*

3. *Beurteilen Sie den Quellenwert von Zeitzeugen.*

---

[1] Hinweis: Die Dokumentation ist nicht über Videokanäle abrufbar, kann aber über den Mitschnittservice des SWR bezogen werden.

[2] **exponiert**: gefährdet, einem Angriff ausgesetzt

4. Entwickeln Sie konkrete Ideen, wie Zeitzeugen in Dokumentationen eingebunden werden sollten, damit der Betrachter den Quellenwert des Zeitzeugen kritisch prüfen und den Erkenntniswert seiner Aussagen besser einschätzen kann.

5. Vergleichen Sie Ihre Ideen mit dem Einsatz von Zeitzeugen in verschiedenen Geschichtsdokumentationen. Nehmen Sie Stellung dazu.

Vertiefung: Täteraussagen werden in Dokumentationen auch kritisch gebrochen und hinterfragt (dekonstruiert). In der sechsteiligen Sendereihe „Holokaust" (ZDF 2000) erzählt Wilhelmine Trsek, die Sekretärin des SS-Offiziers Odilo Globocnik[1], ihn hätte die Vernichtung der Juden mit Sicherheit schwer getroffen. Der Off-Kommentar bezeichnet dies als „Lebenslüge einer Sekretärin" (dritter Teil: Ghetto). In einer anderen Folge wird die bekannte „Lüge", hätte man die Verbrechen nicht begangen, wäre man selbst zum Opfer geworden, weniger deutlich entlarvt. Die Konzentrationslageraufseherin Herta Bothe erzählt, sie habe so handeln müssen, sonst wäre sie ins Konzentrationslager eingeliefert worden (sechster Teil: Befreiung). Dies ist ein Entschuldigungsmythos, der jeglicher geschichtswissenschaftlicher Grundlage entbehrt. Niemand war gezwungen worden, in den Konzentrationslagern zu „arbeiten". An Freiwilligen hat es nicht gemangelt. Ein deutlicher Hinweis hierzu fehlt in der Dokumentation. Ihre Aussagen werden mit Originalaufnahmen zusammengeschnitten, die sie bei der von den Alliierten erzwungenen „Entsorgung" der Leichen nach der Befreiung der Lager zeigen. Vielleicht erhofften sich die Produzenten durch die Kontrastierung ihrer Aussagen mit dem Zeigen der Resultate ihrer Taten (Leichenberge) einen Bruch dieser Selbstinszenierung und -wahrnehmung, der den Betrachter dazu herausfordert, ihre Aussagen als Entschuldigungsmythos zu entlarven. Es sind aber auch andere, geschichtswissenschaftlich unhaltbare Schlussfolgerungen möglich. Dennoch kann es ein filmisches Mittel sein, Zeitzeugenerzählungen mit „filmischen Fakten" zu kontrastieren.

1. Erstellen Sie ein fiktives Zeitzeugeninterview zu einem historischen Thema ihrer Wahl, in dem bewusst Falschaussagen gemacht werden. Entwickeln Sie Filmstrategien, solche Lügen in einer Dokumentation aufzudecken.

2. Setzen Sie dies in einer Kurzdokumentation oder in einem Simulationsspiel in der Klasse um.

3. Diskutieren Sie in der Klasse, welche Vor- und welche Nachteile solche Dekonstruktionen von Zeitzeugenberichten haben können.

---

[1] Globocnik war direkt an Judendeportationen verantwortlich beteiligt.

Kompetenz:
Die Entstehung, die Dramaturgie und die Wirkung eines Geschichtsspielfilms analysieren und seine Bedeutung für die Wahrnehmung geschichtlicher Phänomene erörtern

Umgang mit Geschichtsspielfilmen

Geschichtsspielfilme erscheinen vielen als angenehme Alternative zu eher trockenen, geschichtswissenschaftlichen Darstellungen, weil sie vermeintlich einen anschaulichen Blick „in die Vergangenheit" bieten, spannend sind. Um herauszufinden, inwiefern die „Geschichte" authentisch und triftig, und nicht etwa politisch manipulierend ist, sollten Filme einer grundlegenden Analyse unterzogen werden.

Den meisten Betrachtern dürfte die grundsätzliche Funktion der unterschiedlichen Bereiche (Kamera, Schnitt, Montage, Ton / Musik, Beleuchtung usw.) bekannt sein bzw. sie lässt sich intuitiv durch ihre Wirkung erschließen. Gleichwohl vermittelt ein Film auch auf unterschwelliger Ebene Botschaften, lenkt die Anti- bzw. Sympathien auf kaum merkliche Weise. Um sich in Distanz zur Machart und möglicherweise eigener Lenkung durch den Regisseur zu setzen, muss genau hingeschaut werden.

Internettipp
Zur Funktionsweise der einzelnen Filmelemente finden sich im Internet viele Hilfestellungen, so z. B. die von Sigrid Jones zusammengestellte Übersicht „Filmsprache – Grammatik des Films, Grundbegriffe der Filmanalyse"; siehe hierzu den Code 7318-06.

Formale Kennzeichen
- Wer war in welcher Form an der *Produktion* beteiligt?
- Beruht der Film auf *Vorlagen*?
- *Wann* und *wo* wurde der Film gezeigt?
- An *wen* richtet sich der Film?
- Welcher *Gattung* gehört die Erzählung an? An welche *Genres* orientiert sie sich erzählerisch?

Inhalt
- Was ist das *Thema* des Films?
- Wie lässt sich die *Handlung* (grob) zusammenfassen?
- In welcher Beziehung stehen die handelnden *Figuren*?
- Was ist die *Botschaft* des Films?

Historischer Kontext
- *Dargestellte Zeit*: Welche Personen, Ereignisse etc. werden gezeigt? Welche sind historisch verbürgt, welche erfunden? Gibt es Abweichungen vom Forschungsstand?
- *Produktionszeit des Films*: In welchem gesellschaftlichen oder politischen Kontext ist der Film entstanden?

Intention und Wirkung
- Welche *filmsprachlichen Mittel* kommen mit welcher Intention zum Einsatz?
- Welche weiteren Hinweise gibt es zur *Aussageabsicht*? (z. B. Interviews der Autoren, Regisseure, Kritiken)
- Wie *wirkt* der Film *auf mich und andere*?

Einordnung und Bewertung
- Welche *Sinnbildungsangebote* macht der Film?
- In welcher Hinsicht ist *Authentizität / Triftigkeit* gegeben?
- *Wofür* kann ich den Film *nutzen*?

▲ „300."
Filmplakat der US-amerikanischen Comicverfilmung „300" aus dem Jahre 2006.

- ■ *Beschreiben Sie die Bildwirkung – welche Art von Film erwarten Sie?*
- ■ *Recherchieren Sie per Online-Bildersuche nach Abbildungen zur Rüstung eines spartanischen Hopliten. Vergleichen Sie Plakat und Abbildung und erörtern Sie, wieso sich die Filmemacher für diese Art der Darstellung entschieden haben könnten.*
- ■ *Der Ausspruch auf dem Plakat geht auf antike Quellen zurück. Diskutieren Sie, inwiefern dies ein möglicher Beleg für die Wissenschaftlichkeit der Darstellung sein kann.*

Vorbemerkung ■ Im Internet sind auf Video- und Filmkanälen Trailer, Einzelszenen sowie Einzelbilder der Comic-Vorlage leicht auffindbar. Sie sollten begleitend oder vorbereitend angesehen werden, um der nachstehenden Filmanalyse besser folgen zu können.

Inhalt ■ Der Film zeigt die näheren Umstände und Durchführung der Schlacht an den Thermopylen 480 v. Chr., einem Gebirgsengpass im heutigen Griechenland, den die persischen Landstreitkräfte auf ihrem Feldzug gegen einige „griechische" Poleis durchqueren mussten. Laut Film versuchten 300 Spartaner eine Million gegnerische Krieger aufzuhalten, scheiterten nach dreitägigem Kampf durch Verrat und wurden getötet. Dieser Opfergang habe die Griechen schließlich geeint, sodass ein Jahr später das persische Heer tatsächlich bezwungen werden konnte. Als Thema lässt sich die Glorifizierung des Kampfes bis zum Tod für die Freiheit der westlichen Welt feststellen.

Die Handlung verläuft auf mehreren Ebenen: Im Zentrum steht der spartanische König Leonidas, der die Perser aufhalten will. Die notwendige Erlaubnis für einen Feldzug erhält er von der Gerusia (spartanischer Ältestenrat) nicht. Sie werden im Film entsprechend negativ (pervers, korrupt) dargestellt. Ohne ihre Zustimmung besetzt Leonidas mit einer kleinen Streitmacht dennoch den Gebirgsengpass bei den Thermopylen, wo sie letztlich aufgerieben werden.

Dem Opfergang der spartanischen Kämpfer wird die Aufopferung der Königin Gorgo nebengestellt und parallel erzählt. Um die spartanische Ratsversammlung dazu zu bewegen, weitere Krieger zur Unterstützung zu entsenden, lässt sie sich von einem einflussreichen Ratsmitglied (Theron) zum Geschlechtsverkehr mit ihm erpressen. Dieser wird als sadistisch, brutal und pervers inszeniert. In der Ratssitzung selber unterstützt Theron ihr Anliegen jedoch nicht, sondern beeinflusst den Rat gegenteilig. Gorgo tötet ihn daraufhin, hierbei wird seine Korruption offen gelegt.

Der Film endet mit der Erzählung des einzig zurückgekehrten Spartaners (Delios) unmittelbar vor der entscheidenden Schlacht ein Jahr später. Der Ausgang ist bekannt, „die Griechen" konnten die Invasion „der Perser" stoppen und so ihre „Freiheit" verteidigen.

Die Figurenkonstellation stellt Leonidas und Gorgo in den Mittelpunkt. Sie sind durch Innigkeit, Respekt und Liebe verbunden und repräsentieren moderne Werte wie Freiheit, Demokratie und Emanzipation. Ihnen stellen sich Kontrahenten entgegen: Die spartanische Gerusia (Ältestenrat) und der persische Großkönig Xerxes als Gegenpole zu Leonidas sowie die zögerliche Ratsversammlung und der Verräter Theron im Fall Gorgos.

Historischer Kontext ■ *Dargestellte Zeit* – Das Ereignis und seine Umstände werden bei Herodot (um 485 - um 425 v. Chr.) geschildert, der jedoch bereits in zeitlichem Abstand darüber berichtet. Erst von späteren griechischen „Geschichtsschreibern" erfahren wir weitere Details, z. B. sind bei Diodor (Lebensdaten unbekannt) und Plutarch (um 45 - um 125 n. Chr.) einige der „lakonischen" Sprüche überliefert, wie sie im Film wörtlich übernommen sind. Von spartanischer oder persischer Seite sind hierzu keine Quellen überliefert. In der Forschung wird diskutiert, inwieweit die bei Herodot genannten Daten und „Fakten" realistisch sind. Einig sind sich die Wissenschaftler darin, dass die Zahlen bei Herodot übertrieben sind und die negative Darstellung der Perser propagandistische Intentionen hat, die positive Darstellung der Spartaner dagegen den zeitgenössisch bereits schwelenden Konflikt zwischen Athen und Sparta abmildern soll. Bei Herodot wird deutlich, dass die Schlacht ein militärischer Fehlschlag war. Die Schlacht an den Thermopylen war somit kein „Wendepunkt" in der Geschichte, da sie nicht den griechischen Widerstand und die Einigkeit von Sparta und Athen begründete.

Produktionszeit – Der Film wurde 2005 / 2006 produziert und hat keine erkennbaren konkreten politischen Bezüge zu seiner Entstehungszeit. Einige Kritiker sehen eine Parallele zur US-amerikanischen Außenpolitik und der begleitenden anti-islamischen Propaganda, aber ein direkter Bezug hierzu lässt sich nicht herstellen.

Beispiel und Analyse

Produktionsland: USA

Erscheinungsjahr: 2006

Länge: 116 Minuten

Altersfreigabe: 16 Jahre (D), 17 Jahre (USA)

Zielgruppe (primär): männliche Jugendliche

Regie: Zack Snyder

Vorlage: Comic „300" von Frank Miller

Gattung: (teil-)fiktionaler Geschichtsspielfilm

Genres: Vermischung von Elementen mehrerer Genres, (Kriegs-, Action-, Abenteuer-, Fantasy- und Liebesfilm)

Produktionskosten: 65 Mio. US-Dollar

Einspielergebnis: rund 456 Mio. US-Dollar (weltweit)

Zuschauer: 1,5 Mio. (D)

▲ **Formale Kennzeichen zum Spielfilm „300".**

▶ **Standbild aus dem Film „300".**

■ *Beschreiben Sie die Darstellung der persischen Armee. Welche Wirkung hat sie auf Sie?*

■ *Kriegspropaganda stellt häufig den eigenen, individuell unterscheidbaren Soldaten eine anonyme überwältigende Feindmacht gegenüber. Diskutieren Sie mögliche Intentionen solcher Propaganda und inwieweit dies auf den Film zutrifft.*

Internettipp
Ein Szenenprotokoll zu einer Rede König Leonidas' an seine Soldaten finden Sie unter dem Code 7318-07.

Intention und Wirkung Die Wirkungsabsicht des Films lässt sich erst aus der Gesamtschau, der Analyse herausragender Szenen sowie den Äußerungen der Produzenten, des Regisseurs und der Drehbuchautoren erschließen.

Im Trailer werden Grundzüge der filmischen Inszenierung erkennbar: Farbgebung, Beleuchtung und die kontrastive Inszenierung von Körperlichkeit und Sexualität. Die Darstellung der Spartaner folgt gängigen Heldenklischees, während umgekehrt die persischen Kämpfer durchgängig propagandistisch-negativ verzeichnet werden. Letzteres ist in den historischen Quellen bereits angelegt.

Entgegen den Ausführungen von Zack Snyder (Regisseur) und Frank Miller (Verfasser des Comics), vermittelt der Film erkennbar eine politische Aussage, die vor allem in den filmtypischen Reden vor den Schlachten (König Leonidas, spartanischer Soldat Delios) sichtbar wird. Der Film konstruiert in diesen Szenen den Opfergang der Spartaner als Grundlage für die erfolgreiche Verteidigung unserer Demokratie.

Der Film arbeitet weniger erkennbar als der Comic mit Authentifizierungsstrategien bzw. bricht auch mit ihnen, indem zum Beispiel Fantasy-Wesen in der persischen Armee mitkämpfen. Konkrete Verweise auf historische Quellen fehlen, auch wenn die überlieferten „lakonischen" Sprüche der Spartaner wörtlich zitiert werden.

Die Hauptfiguren sind zwar verbürgt, letztlich wissen wir aber so gut wie nichts über sie. Gorgo wird im Film als moderne, emanzipierte Frau inszeniert und auch Leonidas und Delios äußern sich in ihren Reden modern und aufgeklärt.

Das Kampfgeschehen wird Action- und Comic-gemäß inszeniert. Das Setting dagegen wird augenscheinlich realistisch rekonstruiert, wie auch Kleidung, Frisuren, Bewaffnung sehr detailreich und scheinbar stimmig dargestellt werden. Dies entspricht aber eher den Seherwartungen, als dass es sich um eine triftige Rekonstruktion handelt. Nicht nur die Rüstung der Spartaner wurde aus „ästhetischen" Gründen stark verändert, auch andere Bereiche sehen nur plausibel aus. Das liegt auch daran, dass wir zu vielen Details der Zeit keine oder nur bedingt aussagekräftige Quellen zur Verfügung haben. Ebenso unrealistisch sind die Zahlenangaben, die schon in den Quellen übertrieben sind. Man geht von einer griechischen Streitmacht von ca. 7000 Soldaten aus, während auf der persischen Seite bis zu 100000 Soldaten kämpften, nicht 300 gegen eine Million.

Die Rezeption fiel unterschiedlich aus: Von begeisterten Zuschauern, die den Film als unhistorischen Action-Spaß verstanden, über Belustigungen aufgrund der erkennbaren Überspitzung der Handlung, bis hin zu kritischen Stimmen, welche die iranische Geschichte verunglimpft sahen oder daran erinnerten, dass dieses „Beispiel" des Opfergangs für den Staat auch schon im „Dritten Reich" eingesetzt wurde.

Einordnung und Bewertung ▬ In einem Interview äußerte der Comic-Autor Frank Miller, dass er mit „300" der „verweichlichten" und genusssüchtigen westlichen Welt ein Ideal entgegensetzen wollte. Damit wäre es ein exemplarisches Sinnbildungsangebot, ebenso wie die offenkundige Botschaft: Verteidigung der Freiheit bis zum Tod als Garant für unsere heutige freie Welt. Nach Miller und Snyder wurde damals unsere (heutige) Freiheit verteidigt und gerettet. Das ist nicht nur rein hypothetisch und letztlich nicht belegbar, sondern auch sehr unwahrscheinlich. So legt der Film nahe, dass wir in unmittelbarer Tradition zur griechischen „Demokratie" stehen und diese bis in die heutige Zeit Bestand hat (traditionale Sinnbildung), was geschichtswissenschaftlich nicht haltbar ist. Es handelt sich vielmehr um eine anachronistische Rückprojektion unserer heutigen Werte auf die damalige Zeit, die in vielfacher Hinsicht ganz anders dachte und lebte.

Der Film gibt sich bedingt „authentisch", wobei die Darstellung allenfalls in einigen wenigen Aspekten triftig oder besser: quellengemäß ist. Die Pandel'schen Authentizitätsbereiche[1] Fakten-/Ereignisauthentizität werden nur höchst oberflächlich erfüllt, die Typenauthentizität allenfalls in der Reproduktion der ungesicherten Sparta-Klischees. Die Rolle Gorgos ist frei erfunden und entbehrt jeglicher geschichtswissenschaftlicher Grundlage, wie auch die Darstellung von Xerxes und seiner Armee zwar in den Quellen vorgezeichnet ist, aber schon dort als Kriegspropaganda angesehen werden muss.

Späteren DVD-Fassungen wurde das Special „The 300 – Fact or Fiction" zugefügt. Dem Titel nach würde man einen akribischen Vergleich zwischen Darstellung und Forschungsstand erwarten. Die sich hier äußernden Experten deuten die Darstellung jedoch als symbolischen Ausdruck tiefer liegender Wahrheiten. So sei die unhistorisch knappe Ausrüstung der Spartaner angemessen, um deren Kampfgeschick zeigen zu können, die monströse Verzeichnung des Verräters sei Spiegelbild seiner negativen Rezeption in den antiken Quellen, und dass ein monströses Rhinozeros als Kampftier aufseiten der Perser eingesetzt würde, bringe die griechische Perspektive auf die für sie exotischen und fremden Perser zum Ausdruck. Letzten Endes stimme auch die angebotene Deutung, da sie auf Herodot zurückginge und eine lange Rezeptionstradition vorweisen könne. In geschichtswissenschaftlicher Hinsicht sind diese Legitimierungen fragwürdig.

Bei aller Absurdität der überzogenen Darstellung und Verfremdung von „Vergangenheit"/ „Geschichte" bleibt der Film interessant. Zum einen lässt sich an den Reaktionen die fortdauernde Aktualität des (pluralen/kontroversen) Sinnstiftens durch „Geschichte" erkennen. Zum anderen legen die Reaktionen einen teilweise erbitterten Streit um Tradition und Vergangenheitsdeutung offen. Darüber hinaus bietet der Film die Möglichkeit, sich einfach nur unterhalten zu lassen, sofern man die Botschaft nicht ernst nimmt und sich in kritische Distanz zum Inhalt setzt.

---

[1] Zu den Authentizitätsbereichen nach Hans-Jürgen Pandel siehe M4 auf Seite 20f.

Kompetenz:

Die Funktionen und Wirkungsweisen der unterschiedlichen Bausteine von Geschichtsdokumentationen analysieren und Geschichtsdokumentationen als subjektives Deutungsangebot von Vergangenheit in seinem Stellenwert für die Geschichtskultur erörtern

Umgang mit Geschichtsdokumentationen

Geschichtsdokumentationen genießen den Ruf, auf spannende Weise Geschichte zu vermitteln. Sie zeigen Experten, Zeitzeugen und Quellen, erscheinen seriös und wissenschaftlich. Da sie fernsehtauglich Geschichte erzählen, werden sie als Abwechslung zu eher als langweilig empfundenen, geschichtswissenschaftlichen Darstellungen gesehen. Für viele bieten sie die zugänglichste Möglichkeit, sich mit Geschichte auseinanderzusetzen. Nicht zuletzt durch die Mediatheken der Sender und auf Videokanälen sind sie ständig abrufbar.

Wie Geschichtsspielfilme und andere populär-wissenschaftliche Darstellungen, müssen auch Geschichtsdokumentationen teilweise fiktional arbeiten. Als Filmerzählung muss alles ins Bild gesetzt werden. Vor allem wenn es keine audiovisuellen oder bildlichen Quellen gibt, lassen Regisseure historische Ereignisse und Situationen „nachspielen". Und wie im Spielfilm müssen hierbei Quellenlücken fantasievoll geschlossen werden. Dialoge und andere Details sind in der Regel nicht überliefert, sodass hier kreative Ausschmückungen notwendig sind.

Formale Kennzeichen

- Wer war in welcher Form an der *Produktion* beteiligt?
- *Wann* und *wo* wurde die Dokumentation gezeigt?
- Wurde / wird die Geschichtsdokumentation *crossmedial* angeboten / aufbereitet?
- An *wen* richtet sie sich?

Inhalt und Form

- Was ist das *Thema* / die *Fragestellung* der Geschichtsdokumentation?
- Wie lassen sich die *Hauptaussagen* (grob) zusammenfassen?
- Welche *Bausteine* / *filmsprachlichen Mittel* werden verwendet?
- Welcher *dramaturgischen Konzeption* folgt die Darstellung?

Historischer Kontext

- *Dargestellte Zeit*: Welche Personen, Ereignisse etc. werden gezeigt? Gibt es Abweichungen vom geschichtswissenschaftlichen Forschungsstand?
- *Produktionszeit der Dokumentation*: In welchem gesellschaftlichen oder politischen Kontext ist die Geschichtsdokumentation entstanden?

Intention und Wirkung

- Wie *wirkt* die Geschichtsdokumentation *auf mich und andere*?
- Welche *Eindrücke* sollen in der Dokumentation durch den Einsatz welcher Bausteine / filmsprachlichen Mittel entstehen?
- Welche weiteren Hinweise gibt es zur *Aussageabsicht*?

Einordnung und Bewertung

- Welche *Sinnbildungsangebote* macht die Dokumentation?
- Wie „*wissenschaftlich*" ist die Darstellung?
- In welcher Hinsicht handelt es sich um eine *typische* / *untypische Darstellung* dieser „Geschichte"?
- Wie wird die Dokumentation aufgenommen, *rezipiert*?
- *Wozu* kann ich die Geschichtsdokumentation *nutzen*?

Vorbemerkung ▪ Geschichtsdokumentationen zur Antike stehen vor besonderen Herausforderungen: Die Quellenlage ist häufig lückenhaft und einseitig perspektivisch, Zeitzeugen existieren nicht mehr, antike Stätten sind Ruinen oder nicht mehr auffindbar. Und schon in den Quellen werden damalige Ereignisse mythisch verklärt, legendenhaft überhöht. Eine besondere Faszination übt dabei die legendäre Schlacht an den Thermopylen 480 v. Chr. aus, bei der 300 Spartiaten mit einigen Tausend verbündeten Soldaten versuchten, ein persisches Heer aufzuhalten.

Die Darstellung der Schlacht und ihre politische Instrumentalisierung hat eine lange Tradition. Ihren Reiz hat diese „Geschichte" bis heute nicht verloren. Sie wird immer wieder in Geschichtsmagazinen und -dokumentationen, zuletzt auch im Spielfilm „300"[1] erzählt. Zeitnah zum Geschichtsspielfilm entstand die Dokumentation „Last Stand of the 300", mit der sich nachstehend beschäftigt werden soll.

Formale Kennzeichen ▪ Die 91-minütige Geschichtsdokumentation wurde 2007 von den US-amerikanischen Filmproduzenten Limulus Productions und Mechanism Digital hergestellt und wird seitdem weltweit vom US-amerikanischen Sender History Channel vertrieben. Sie liegt auch in einer deutschen Ausgabe vor („300 – Die Schlacht der Spartaner") und wird vielfach auf Videoportalen gestreamt.

Eine crossmediale Vermarktung lässt sich nicht mehr feststellen. Unter den Rubriken „Sparta" und „Leonidas" der Homepage des History Channels finden sich aber Videoclips, die Teile der Dokumentation erneut verwenden.

Eine konkrete wissenschaftliche Begleitung wird nicht angegeben, aber es werden Experteninterviewausschnitte verwendet. Verkaufszahlen oder Einschaltquoten lassen sich nicht ermitteln, im deutschen Fernsehen wurde die Doku nicht gezeigt.

Sie richtet sich an alle Geschichtsinteressierten, aufgrund ihrer Aufmachung und Veröffentlichungszeit erscheint sie als eine Art inoffizielle „Begleitdokumentation" zum Kinofilm.

Inhalt und Form ▪ Die überragende symbolische Bedeutung der Schlacht an den Thermopylen als Wiege und Garant der westlichen Zivilisation sowie die heroische Tapferkeit, für die Freiheit das Leben zu opfern, sind Themen der Geschichtsdokumentation.

Kommentar und Expertenaussagen tragen die gesamte Narration, die häufig mit dramatisierender und stimmungsvoller Musik unterlegt ist. Zur Illustration werden computergenerierte Rekonstruktionen von Landschaft, Bewaffnung, Schiffen und Gebäuden eingebunden. Zudem arbeitet die Dokumentation mit Spielszenen, die ästhetisch deutlich an den Film „300" angelehnt sind.

Auf Quellen wird nur punktuell und insgesamt unspezifisch verwiesen: „Es ist überliefert ...", „Aus Quellen wissen wir ...". Der griechische „Geschichtsschreiber" Herodot wird mehrmals genannt, nicht aber direkt zitiert. Andere Schriftquellen werden nicht erwähnt, archäologische Überreste nicht gezeigt und auch spätere bildliche Darstellungen werden nicht verwendet.

Die Dramaturgie fängt aufmerksamkeitssteigernd mit dem Höhepunkt der Geschichte an. Im Vorspann wird zunächst die Ausweglosigkeit der Lage dargestellt und der tragische Ausgang erzählt und mit Spielszenen bebildert. Kurze, eingeschobene Expertenstatements betonen die Bedeutung der Schlacht und bemühen hierbei historische Vergleiche. Nach dem Vorspann werden knapp die Rahmenbedingungen skizziert und durch eine Grafik das Ausgreifen des persischen Reiches als bedrohliche Überschwemmung der westlichen Welt inszeniert. Diese Einleitung endet mit der direkten Konfrontation der 300 Spartiaten mit der persischen Übermacht unmittelbar vor dem Kampfgeschehen. Im weiteren Verlauf werden die Hintergründe des Ereignisses sowie Daten und biografische Informationen der beteiligten Akteure in Rück-

---

[1] Vgl. Sie dazu den Methoden-Baustein „Geschichtsspielfilm" auf Seite 44 bis 47.

Beispiel und Analyse

Internettipps

▪ *Die „Botschaft", intendierte Wirkung und Erzählweise von Geschichtsdokumentationen lassen sich nicht oder nur sehr schwer an einzelnen Standbildern ermitteln. Ein besserer Eindruck wird gewonnen, wenn man sich die ersten zehn Minuten der Dokumentation „Last Stand of the 300" anschaut. Sie ist zum Beispiel auf YouTube abrufbar (Schlagworte für das Suchfeld: 300 die Dokumentation).*

▪ *Zu den Videoclips des History Channels siehe den Code 7318-08.*

blenden erläutert. Immer wieder wird auf den dramatischen Höhepunkt der Schlacht hingewiesen, um die Spannung hoch zu halten. Am Ende wird die Botschaft noch einmal vom Kommentar und von Experten zusammengefasst und auf die Spitze getrieben.

Historischer Kontext ■ *Dargestellte Zeit* – Die Quellenlage zu Sparta insgesamt, zu den Perserkriegen und zur Schlacht an den Thermopylen ist problematisch. Als zeitnaheste und ausführlichste Quelle zu Letzterem gelten Herodots „Historien". Die Perserkriege sind weder aus spartanischer noch aus persischer Sicht ausführlich überliefert. So verwundert es nicht, dass in geschichtswissenschaftlicher Sicht vieles im Unklaren bleibt und es teils widersprüchliche Deutungen zentraler Aspekte gibt, so z.B. zum Aufbau des spartanischen Staates, zu seinem Erziehungswesen, aber auch zu Leonidas Motiven, den Engpass trotz aussichtsloser Lage zu halten.

Nach Herodot wurden seine Motive auf drei Arten gedeutet: religiös (Erfüllung des Orakels), individuell (Ruhm) und militärisch (Zeitgewinn für die „griechische" Armee; Deckung des Rückzugs der Hilfstruppen). Diesen Deutungen schließen sich die meisten Historiker an, wenn auch in unterschiedlicher Gewichtung. In der häufig propagandistisch motivierten Rezeption wird Leonidas ein politisches Motiv angedichtet: heldenhaftes Beispiel zur „Einigung" Griechenlands und Verteidigung von Freiheit und Demokratie. Letzteres kann nicht aus den Quellen abgeleitet werden und ist anachronistisch, weil es die damaligen Konzepte von Freiheit und Demokratie mit unseren heutigen gleichsetzt.

Die von Herodot genannten Daten und „Fakten" zur Größe der Armeen sowie seine Darstellungen der Perser werden insgesamt als wenig realistisch, sondern vielmehr als propagandistisch verzerrt angesehen.

Die Dokumentation orientiert sich offenkundig an den Überlieferungen, wobei nur Herodot explizit genannt wird, gibt aber realistischere Zahlen bzgl. der Heerstärken an. Wieso in der englischsprachigen Fassung 300 000 persische Soldaten angegeben werden, in der deutschen aber 100 000, lässt sich nicht erschließen. Die Stilisierung der Schlacht als Wendepunkt der westlichen Zivilisation bleibt in beiden Fassungen erhalten. Insgesamt folgt die Darstellung weitgehend unkritisch den Quellenaussagen und der „traditionellen" Rezeption der Schlacht.

Produktionszeit – Es gibt keinen erkennbaren gesellschaftlichen oder politischen Auslöser für die Dokumentation, auch wenn sie eine klare politische Botschaft vermittelt. In ihrer Aufmachung, der Dramaturgie, den zentralen Aussagen und v.a. der filmischen „Ästhetik" erinnert sie stark an den Kinofilm. Vermutlich wollten die Produzenten die geschichtskulturell erzeugte Aufmerksamkeit nutzen, um das Thema ebenfalls kommerziell erfolgreich zu vermarkten.

Intention und Wirkung ■ Die Dokumentation erweckt durch den konsequenten Einsatz gattungstypischer Bausteine den Anschein hoher Glaubwürdigkeit: Experteninterviews, detaillierte, computergenerierte Rekonstruktionen von Landschaft, Umgebung, Bewaffnung und Rüstung sowie die detaillierten Angaben zu den Hintergründen, die realistischere Darstellung von Xerxes, der Verzicht auf erfundene Handlungsstränge.

Einordnung und Bewertung ■ Die Geschichtsdokumentation schreibt in ihrer Deutung den mythenhaft verklärten „Freiheitskampf" als Bedingung, Geburtsstunde und Rettung „unserer westlichen Zivilisation / Demokratie / Freiheit" ungebrochen fort. Damit erzählt sie unkritisch die wenigen Quellen nach und verwebt sie zudem mit argumentativ völlig unbegründeten und nicht haltbaren Wertungen einiger „Experten". Das Beispiel des Opfergangs wird als exemplarisch, die Gesamtgeschichte der Perserkriege als traditional und auch genetisch konstruiert.

Eine Wissenschaftlichkeit der Sendung ist nicht gegeben. Weder werden Quellen korrekt benannt noch kritisch analysiert. Sie gelten hier als unverstellter Blick in die Vergangenheit.

Unterschiedliche Perspektiven werden nur ansatzweise genannt. Kontroversen, z.B. in der antiken Beurteilung der Motive des Leonidas, werden als unwichtig dargestellt und durch die unmittelbar sich anschließende Deutung des Kommentars aufgelöst.

In der Regel bewegen sich die Aussagen der Experten auf der werturteilenden Ebene. Belege oder Argumente werden kaum gegeben. Die Aussagen stehen gleichrangig zu den „faktischen" Ausführungen des Off-Kommentars, sollen als „Wahrheit" verstanden werden. Die unterschiedlichen und kontroversen Deutungen der Geschichtswissenschaft fehlen ebenso, wie eine Problematisierung der Quellenlage und die Transparenz der immer kritisch zu reflektierenden Begrenztheit der eigenen Deutung. Die nachgespielten Szenen und die rekonstruierten Waffen und Landschaft können dagegen eine gewisse Triftigkeit aufweisen.

Die eingeblendeten „Experten" sind, mit Ausnahme des Historikers Paul Cartledge, keine Fachleute bzgl. der Thematik bzw. überhaupt keine Fachleute mit akademischer Bildung, einige sind Verfasser populär-wissenschaftliche Bücher oder historischer Romane.

Ereignis- oder Faktenauthentizität ist stärker gegeben als im Spielfilm. Da die Spielszenen keine Dialoge erhalten, umgeht die Dokumentation das Problem einer Typenauthentizität.

Die Dokumentation endet mit der abstrusen, pathetisch durch einen der „Experten" vorgetragenen Deutung, dass diese Schlacht das Schicksal der freien Welt entschieden und unsere heutige Zivilisation überhaupt erst ermöglicht habe.

Der offenkundig reißerische Ton der Dokumentation wie auch die Fülle an sachlichen Fehlern und unhaltbaren Schlussfolgerungen wurde und wird auch in den Kommentaren auf den Videokanälen immer wieder kritisch genannt. Zur Wissensaneignung kann die Dokumentation sicher nicht genutzt werden, allenfalls zur Veranschaulichung damaliger Waffentechnik und Kriegsführung durch die 3D-Rekonstruktionen.

Exkurs: Reformation in Film und Fernsehen

▲ „Katharina Luther."
Foto von 2016, Reinhardsbrunn (Thüringen).
Das Foto zeigt die Schauspieler Karoline Schuch als Katharina von Bora und Devid Striesow als Martin Luther bei den Dreharbeiten zum Fernsehfilm „Katharina Luther". Er wurde im Februar 2017 in der ARD ausgestrahlt und von rund sieben Millionen Zuschauern gesehen.
■ *Recherchieren Sie Rezensionen zum Fernsehfilm und beurteilen Sie, inwiefern er das „öffentliche Bild" von der Reformation bereichert.*

Mediale Aufbereitung der Reformation ▰
Will man sich gründlich mit Geschichte im Film auseinandersetzen, reicht es nicht aus, sich nur eine Dokumentation oder nur einen Spielfilm zum Thema anzusehen. Im Gegenteil wird erst durch den Vergleich derselben Geschichte in unterschiedlichen Erzählformen deutlich, wie verschieden die Darstellungen im Hinblick auf Triftigkeit und Botschaft sind, obwohl sie häufig identische oder ähnliche Materialien verwenden.

Der Medienbetrieb funktioniert nach dem Prinzip der Aktualität. In der Regel ist daher eine deutliche Zunahme an Darstellungen eines Geschichtsthemas festzustellen, wenn hierum aktuelle Diskussionen in der Öffentlichkeit geführt werden, es neue – öffentlichkeitswirksame – Erkenntnisse hierzu gibt oder wenn Jubiläen bevorstehen. 2017 jährt sich der Beginn der Reformation zum 500. Mal. Solche Anlässe bieten den Produzenten die Chance, ihre Angebote kommerziell erfolgreich zu platzieren. Auf der einen Seite bedienen sie damit die Bedürfnisse des Publikums, auf der anderen Seite wird dieses Bedürfnis medial erzeugt.

Bevor man die vielfältigen Angebote der Geschichtskultur aufgreift, sollte man sich zunächst auf seriösem Weg grundsätzlich mit der Thematik beschäftigt haben, z.B. durch das Schulbuch. Auf dieser Grundlage, und der weiteren, vertieften Beschäftigung mit der Reformation, lassen sich die Angebote gut nutzen und kritisieren.

Kaum ein historischer Umbruch wird an so wenigen Figuren festgemacht, wie die Konfessionalisierung. Da fernsehwirksames, wie überhaupt populär-wissenschaftliches Geschichtserzählen eine Vereinfachung erfordert, ist der Fokus auf wenige herausragende Handlungsträger in diesem Fall von Vorteil für die Produktionen. Die Geschichtskultur fokussiert dabei bislang auf Martin Luther, Katharina von Bora und Kurfürst Friedrich den Weisen als Revolutionäre und Freiheitskämpfer auf der einen, und Papst Leo X. und den Ablassprediger Johann Tetzel als Stellvertreter der konservativen, dekadenten und korrupten katholischen Kirche auf der anderen Seite. Dabei ist die Entwicklung der Reformation vielschichtig, zeichnen viele Akteure verantwortlich, sind aber auch zeitgenössische Strukturen Voraussetzung für ihre „Erfolgsgeschichte". Es ist spannend zu untersuchen, wie die durchaus komplexe und unterschiedlich gedeutete „Geschichte" für die Öffentlichkeit medial aufbereitet wird. Eine differenzierte Auseinandersetzung mit den verschiedenen Darstellungsformen auf der Grundlage bereits erworbener Kenntnisse ermöglicht Einblicke in Gemeinsamkeiten und Unterschiede geschichtswissenschaftlichen Darstellens und populär-kulturellen Erzählens. Zudem verweisen die Darstellungen häufig auch aufeinander, wenn z.B. in Dokumentationen Spielfilmmaterial oder Szenen aus anderen Dokumentationen verwendet werden (▶ M1 bis M4).

Darstellung Martin Luthers ■ Trotz der Aktualität der Reformation als historischer Prozess steht Martin Luther klar im Vordergrund, nicht zuletzt weil die Veröffentlichung seiner 95 Thesen als Ausgangspunkt der Reformation gilt. Seine unterschiedlichen Lebensstationen sind zudem gut geeignet, eine spannende Geschichte zu erzählen, kämpft hier doch scheinbar ein kleiner Mönch gegen die mächtigste Institution seiner Zeit. Da Medien aber nicht immer das Gleiche senden können, sondern stets Neues präsentieren wollen, geraten auch andere Personen in den Fokus. So wird Katharina Luther mittlerweile mit Spielfilmen und Dokumentationen gewürdigt. Sie wird hier als Vorreiterin der Emanzipation konstruiert, um ihre Bedeutung in der Vergangenheit und für die Gegenwart und Zukunft herauszustellen.

Der Lebensweg Luthers ist gut belegt, wenngleich viele Details hauptsächlich auf seinen eigenen Äußerungen und Briefwechseln beruhen. Das chronologische Nachzeichnen einer Biografie hat für fernsehwirksame Darstellungen Vorteile: Es weist auf eine logische Entwicklung hin, bietet Ordnung im historischen Durcheinander, zeigt Höhe- und Tiefpunkte und bietet ein tragisches oder glückliches Ende. Zudem sind personalisierende Erzählungen anschlussfähig an Sehgewohnheiten der Zuschauer und bieten Identifikationsmöglichkeiten sowie emotionale Anteilnahme. Wenn eine Lebensgeschichte erzählt wird, können wir mitfiebern, mitzittern, mitleiden, uns mitfreuen. In der populären Geschichtskultur werden zumeist folgende Aspekte thematisiert:

- Luthers Eintritt ins Kloster (Gewitterereignis),
- die Romreise als Beginn der Lösung von der katholischen Kirche,
- Zuspitzung des Konfliktes durch den Thesenanschlag und öffentliche Verbrennung der Bannandrohungsbulle,
- die religiöse und weltliche Ächtung (Kirchenbann, Reichsacht) sowie
- seine Ehe mit Katharina von Bora.

Luther war durch seine Zeit geprägt, und wenn man seine Schriften liest, erscheint er uns heute in Ausdrucksweise, Gebaren, vor allem auch in seiner Mentalität fremd. Besonders seine von heutigen Werten abweichenden Haltungen werden erst aus seiner Zeit und der Mentalität eines frühneuzeitlich-gläubigen Menschen nachvollziehbar (Sachurteil). Im Vergleich zum „heldenhaften Freiheitskämpfer" Luther, der uns so vertraut erscheint, weil er scheinbar unsere heutigen Werte und Vorstellungen repräsentiert, bleibt der „andere" Luther fremd und unverständlich. Aus heutiger Sicht sind es vor allem folgende Aspekte, die wir als Widersprüchlichkeiten seiner Person wahrnehmen, besser: konstruieren:

- Luthers Haltung im Bauernkrieg,
- Luthers Anti-Islamismus und Antisemitismus sowie
- die Derbheit seiner Sprache im privaten Bereich und in seiner antiklerikalen Propaganda.

Es bleibt zu untersuchen, wie diese Aspekte in den populär-wissenschaftlichen Produktionen dargestellt werden, welches „Luther-Bild" sie zeichnen (▸ M5).

M1 Reformation im Film

Die Reformation, das Leben Martin Luthers und die Luther-Rezeption sollten Ihnen aus dem Unterricht bekannt sein. Einen umfassenden Überblick über die Reformationsgeschichte bietet auch die Internetseite der Bundeszentrale für politische Bildung. Siehe hierzu den Code 7318-09.
Für eine Auseinandersetzung mit der Reformation im Film sind die drei nachstehenden Beispiele heranzuziehen. Die Analyse kann auch in Gruppenarbeit erfolgen. Ebenso ist es möglich, eine Auswahl zu treffen.

- *„Luther" (Spielfilm, USA / D / GB 2003); erhältlich auf DVD*
- *„Luther und die Nation. Der Förderer der Deutschen Sprache" (Dokumentation aus der Reihe „Die Deutschen", ZDF 2008); abrufbar in der ZDFmediathek (bis November 2018)*
- *„Martin Luther – Petra Gerster auf den Spuren des Reformators" (Dokumentation, ZDF 2016); abrufbar in der ZDFmediathek (bis Oktober 2026)*

1. *Betrachten Sie die Anfangsszenen der Filme (eines Films) und beschreiben Sie, wie sie auf Sie wirken.*
2. *Untersuchen Sie die Dramaturgie der Filme (eines Films).*
➕ *Wie fangen sie an? Wie geht es weiter? Zeichnen Sie eine Spannungskurve.*
3. *Analysieren Sie die Authentifizierungsstrategien (siehe hierzu die Tabelle auf Seite 27). Wie seriös erscheinen sie Ihnen?*
4. *Vergleichen Sie die Machart der Filme miteinander. Welcher Film erscheint Ihnen am seriösesten? Begründen Sie Ihre Meinung.*
5. *Welchen Film würden Sie empfehlen? Geben Sie eine begründete Beurteilung der Filme.*

Vertiefung: Den Spielfilm „Luther" von Eric Till haben in Deutschland rund drei Millionen Kinozuschauer gesehen. Trotz des großen Erfolges gibt es auch Kritik am Film wegen seiner historischen Ungenauigkeiten. Nachstehend eine kleine Auswahl von Rezensionen:

Tills „Luther" hetzt von Ereignis zu Ereignis, und man wird den Eindruck nicht los, dass von manchen Szenen nur noch das Skelett übrig ist. Die Bauernkriege werden quasi von der vorbeifliegenden Kamera gestreift. Alfred Molina als Tetzel
5 schaut mal kurz vorbei, verkauft fix ein paar Ablassbriefe und ward dann nie wieder gesehen. Das gesamte Reformationspersonal wird über die Leinwand gejagt, und bei manchen reicht der Auftritt eben nur für ein knappes Grüß Gott. Auch die 95 Thesen haben keine tragende Rolle abgekriegt: Sie
10 werden an die Kirchentür zu Wittenberg genagelt, und das war's.

Das führt zum zweiten Problem, das ein Film über Luther hat, und das hat Eric Till auf seine ganz eigene Art gelöst: Die Lehre Luthers nach Till ist vor allem deswegen so attraktiv, weil sie um alles verschlankt ist, was keinen Spaß macht. 15 Hätten die Thesen mehr Raum bekommen, dann hätte Joseph Fiennes komplett unattraktive Dinge sagen müssen wie: Das ganze Leben ist Buße.

Süddeutsche Zeitung; www.sueddeutsche.de/kultur/luther-der-film-ein-himmelhund-auf-dem-weg-in-die-moderne-1.429829 (Zugriff: 28. April 2017; Filmkritik von Susan Vahabzadeh)

Der Zwei-Stunden-Film „Luther" ist die historisch akkurate Biografie des ewig zweifelnden und schwermütigen Reformators. Üppig inszeniert, brav chronologisch abgearbeitet und ohne unbequeme Querverweise zur Gegenwart. Nach etwas schwerfälligem Anfang läuft sich das Drama warm 5 und bietet eine relativ spannende Geschichtslektion, in der man sogar einmal lachen darf: Wer auch immer auf die Idee kam, ausgerechnet Uwe Ochsenknecht als Papst zu besetzen, verdient einen Comedy-Ehrenpreis.

Cinema; www.cinema.de/film/luther,1294802.html (Zugriff: 28. April 2017; Fimkritik von Gernot Gricksch)

Zweifellos ist es ein schwieriges Unterfangen, einer Person wie Martin Luther in einem Spielfilm gerecht zu werden – zumal es in solchen Fällen nie nur um die Bedeutung der Person, sondern auch um die historischen gesellschaftlichen 5 und politischen Umstände ihres Wirkens geht – bzw. gehen müsste. Aber gerade in diesem Punkt ist Eric Tills Versuch, den Reformator filmisch „zu fassen", gnadenlos gescheitert. Man kann sich lange darüber aufregen, dass Joseph Fiennes nun so gar keine Ähnlichkeit mit dem kleinen, dicken Mann hat, 10 der – übrigens nicht allein und nicht als einziger Reformator – einige Unruhe in das 16. Jahrhundert gebracht und die Allmacht der römisch-katholischen Kirche – ebenfalls nicht allein – gebrochen hat. Viel schwerwiegender sind die historischen Unkorrektheiten und nicht haltbaren Aussagen, die 15 den Film kennzeichnen, und eine Darstellung der Person Luthers, die dem, was man über den Reformator weiß, kaum gerecht werden kann. [...]
Summa summarum muss man „Luther" Geschichtsklitterung vorwerfen. Fast erscheint es, als ob man dem Reforma- 20 tor ein Denkmal ohne Tadel setzen wollte, rein und unschuldig, anstatt sich der historischen Figur und der Geschichte seiner Zeit anzunähern.

Filmstarts; www.filmstarts.de/kritiken/42733/kritik.html (Zugriff: 28. April 2017; Filmkritik von Ulrich Behrens)

Der Film „Luther" aus dem Jahr 2003 ist [...] ein wirklich spannender Historien-Streifen, der immerhin all jenen einen fundierten Überblick bietet, die sich bisher wenig mit Luther beschäftigt haben. Mehr kann ein knapp zweistündiger Film
5 kaum leisten.

Heimkino; www.swr.de/swr2/kultur-info/heimkino-luther/-/id=9597116/
did=18863804/nid=9597116/k9uhll/index.html (Zugriff: 28. April 2017)

1. *Fassen Sie stichpunktartig die wesentlichen Kritikpunkte der Rezensionen zusammen.*
2. *Vergleichen Sie die Filmrezensionen miteinander.*
3. *Nehmen Sie Stellung zu den Rezensionen. Stimmen Sie den Argumentationen zu? Begründen Sie Ihre Meinung.*
4. *Verfassen Sie selbst eine Filmkritik zum Spielfilm*
➕ *„Luther". Siehe hierzu auch die Hinweise „Eine Filmkritik erstellen" auf Seite 38.*

M2 David gegen Goliath

Filme folgen gerne der Dramaturgie von Konflikten. Hierzu werden filmsprachlich die Kontrahenten deutlich wertend dargestellt. In der Reformation spitzt sich dieser Konflikt auf Luther und den Papst bzw. den Klerus zu.

Analyse folgender Filmszenen
- *„Luther" (Spielfilm): 18:15 bis 20:53 und 27:20 bis 36:40 (Min. : Sek.)*
- *„Luther und die Nation. Der Förderer der Deutschen Sprache" (Dokumentation): 0:00 bis 15:37 (Min. : Sek.)*
- *„Martin Luther – Petra Gerster auf den Spuren des Reformators" (Dokumentation): 11:20 bis 17:04 (Min. : Sek.)*

1. *Beschreiben Sie, wie der Papst bzw. der Klerus und Luther jeweils auf Sie wirken.*
2. *Analysieren Sie die filmsprachlichen Mittel, mit denen diese Charakterisierung vollzogen wird. Achten Sie besonders auf die Aussagen der Film- und der Tonspur. Welches Element ist ausdrucksstärker bei der Bewertung? Sie können dazu Arbeitsgruppen bilden. Die eine Gruppe beachtet nur das Bild, die andere nur den Ton. Tauschen Sie anschließend Ihre Ergebnisse aus und sehen Sie sich dann die jeweilige Filmszene mit Bild und Ton an.*
3. *Erörtern Sie die Authentifizierungsstrategien (siehe Seite 27), die in der jeweiligen Filmszene verwendet werden.*
4. *Vergleichen Sie die filmischen Darstellungen mit Ihren Kenntnissen und beurteilen Sie die Triftigkeit der Charakterzeichnungen.*

5. *Unterscheiden Sie in den Darstellungen Elemente der Sachanalyse, des Sachurteils und des Werturteils. Erstellen Sie eine Tabelle und beurteilen Sie, auf welcher Ebene die Szene erzählt wird. Diskutieren Sie, ob der „historische Erkenntnisprozess" (vgl. M1 auf Seite 13) als Basis einer historischen Darstellung den Ausschnitten zugrunde liegt.*

M3 Der Wormser Reichstag von 1521

Filme verdichten historische Ereignisse in personaler Hinsicht, also bezogen auf die Anzahl der handelnden Figuren, und in zeitlicher Hinsicht, d. h., dass länger andauernde Ereignisse auf wenige Tage reduziert werden. Die Frage ist, ob hierdurch ein falsches Bild gezeichnet wird und ob die Darstellung der Komplexität der Ereignisse so noch gerecht werden kann. Der Wormser Reichstag dauerte mehrere Monate und die Entwicklung des Konfliktes war ein langjähriger Prozess. Um dramaturgische Abweichungen von der tatsächlichen Historie beurteilen zu können, benötigt man entsprechendes Hintergrundwissen.
Ein wichtiges Resultat des Reichstages war das Wormser Edikt. Es war seit dem Hochmittelalter Rechtstradition, dass dem Kirchenbann die Reichsacht folgte. Kaiser Karl V. hatte aufgrund der politischen Situation, seiner „Abhängigkeit" von den deutschen Fürsten und seiner Zugeständnisse im Zuge seiner Kaiserwahl Luther eine Anhörung gewähren müssen. Die beiden einzigen Ausgänge dieser Anhörung konnten nur Widerruf Luthers oder Verhängung der Reichsacht sein. Eine tatsächliche Diskussion mit offenem Ausgang, wie Luther scheinbar erwartet hatte, konnte nach gültigem Recht nicht stattfinden. Der Ausgang ist bekannt: Luther widerrief nicht, sodass Karl V. folgerichtig die Reichsacht aussprach. Aber ganz so eindeutig, wie es in manchen Publikationen dargestellt wird, ist es dann doch nicht.

Analyse folgender Filmszenen
- *„Luther" (Spielfilm): 1:05:00 bis 1:20:20 (Std. : Min. : Sek.)*
- *„Luther und die Nation. Der Förderer der Deutschen Sprache" (Dokumentation): 0:00 bis 15:37 (Min. : Sek.)*
- *„Martin Luther – Petra Gerster auf den Spuren des Reformators" (Dokumentation): 0:00 bis 2:25 und 17:04 bis 20:50 (Min. : Sek.)*

Bevor Sie die Fragen auf Seite 56 beantworten, verschaffen Sie sich mithilfe der Zeittafel (Seite 56) einen Überblick über die historischen Ereignisse von 1517 bis 1521.

Jahr	Ereignis
1517	Veröffentlichung der 95 Thesen
1518	Ketzerprozess gegen Martin Luther; Vernehmung Luthers durch Kardinal Thomas Cajetan in Augsburg; Ablehnung der Auslieferung Luthers von Kurfürst Friedrich III. von Sachsen
1519	Öffentliche Disputation in Leipzig zwischen Luther und dem Theologen Johannes Eck; Wahl Karls V. zum Deutschen Kaiser am 28. Juni (Zugeständnisse an die deutschen Fürsten, u.a., dass vor der Verhängung der Reichsacht eine Anhörung auf „deutschem" Gebiet stattzufinden habe)
1520	Bannandrohungsbulle „Exsurge Domine", öffentliche Verbrennung durch Luther
1521	Bannbulle „Decet Romanum pontificem", Exkommunikation Martin Luthers; Reichstag zu Worms (27. Januar bis 25. Mai): Verhandlungen zwischen Kaiser Karl V. und Vertretern der Reichsstände (der „Fall Luther" ist nur ein Punkt unter vielen) *März*: Vorladung Luthers *17./18. März*: Verhör Luthers vor dem Reichstag, Weigerung des Widerrufs; weitere Verhandlungen, um Luther Möglichkeiten zum Einlenken zu geben *26. April*: Abreise Luthers (21-tägiges freies Geleit nach Wittenberg) *4. Mai*: „Entführung" Luthers und Verbringung auf die Wartburg *23. Mai*: Abreise Kurfürst Friedrichs III. von Sachsen *25. Mai*: Verlesung des Wormser Edikts (datiert auf den 8. Mai); Verhängung der Reichsacht; Umsetzung bleibt den Landesfürsten „überlassen", zudem in Sachsen nicht gültig, da Friedrich III. bei der Verlesung nicht anwesend war und es ihm im Folgenden vom Kaiser nicht zugestellt wurde

▲ **Zeittafel.**

1. *Schauen Sie sich Luthers Auftreten auf dem Reichstag zu Worms im Spielfilm und in den beiden Dokumentationen an. Fassen Sie die Szenen kurz zusammen.*

2. *Analysieren Sie, welches „Lutherbild" hier gezeichnet wird. Berücksichtigen Sie den dargestellten und den tatsächlichen Ereignisverlauf.*

3. *Was sagt Luther in den einzelnen Filmszenen? Diskutieren Sie Vor- bzw. Nachteile der Abweichung von der Überlieferung seiner Worte auf dem Reichstag.*

4. *Beurteilen Sie die unterschiedlichen Darstellungen unter geschichtswissenschaftlicher Perspektive.*

5. *Welche der Szenen gefällt Ihnen am besten? Begründen Sie und diskutieren Sie Ihre Auswahl in der Klasse.*

M4 Das Wormser Edikt und seine Folgen

a) In der ZDF-Dokumentation „Martin Luther – Petra Gerster auf den Spuren des Reformators" soll nicht nur die Geschichte Luthers dargestellt werden. Sie setzt sich darüber hinaus zum Ziel, gängige und verbreitete Klischees und Legenden, die sich um die Person Luthers ranken, zu entlarven. Dies betrifft nicht nur den berühmten Thesenanschlag, sondern auch gängige Legenden wie den Wurf des Tintenfasses, um den Teufel zu vertreiben. Trotz des aufklärerischen Ansatzes, muss auch diese Dokumentation mit Vereinfachungen arbeiten. So äußert sich Petra Gerster vor der Wartburg bezüglich der Gründe für Martin Luthers „Entführung" wie folgt:

Es war schon bald klar, Luthers Entführung war ein abgekartetes Spiel, eingefädelt von seinem Landesherrn, Friedrich dem Weisen, dem Kurfürsten von Sachsen. Weil der Kaiser die Reichsacht über ihn verhängte, war Luther vogelfrei. Das heißt jeder Mann konnte ihn straflos töten. Hier auf der ₅ schwer zugänglichen und bestens bewachten Wartburg konnte der Reformator einige Zeit untertauchen.

Transkription von Oliver Näpel aus der Dokumentation „Martin Luther – Petra Gerster auf den Spuren des Reformators" (2:00 bis 2:25, Min.: Sek.)

b) In einem Online-Lexikon wird der Begriff „Acht" folgendermaßen definiert:

Bei schweren, ehrlosen Delikten (wie Raub, Mord, Brandstiftung, Vergewaltigung), konnte nach germanischem und mittelalterlichem Recht auf Ausstoßung aus der Gemeinschaft (Ächtung, Acht) erkannt werden. Auch bei Ladungsungehorsam konnte ein Beklagter geächtet werden. Erschien der Ge- ₅ ächtete trotz dreimaliger Ladung nicht binnen Jahr und Tag vor Gericht, verfiel er der endgültigen Oberacht [...], einem verschärften Grad der bereits bestehenden Acht [...]. Die Ächtung machte den Missetäter ehr- und rechtlos [...], zum Feind des Königs und des Volkes [...] und gab ihn der Fehde der ₁₀ Allgemeinheit preis. Sein Vermögen wurde eingezogen, Haus und Brunnen wüst gelegt, galten sie doch als unrein wie der Geächtete selbst. Er [...] durfte von jedermann niedergemacht oder als Gefangener vor Gericht gebracht werden. Wer einen Geächteten [...] aufnahm oder sonst wie unterstützte, ₁₅ verfiel selbst der Acht. [...] Ab 1220 folgte auf [den] Kirchenbann die weltliche Acht, von 1281 an zog auch umgekehrt weltliche Acht den kirchlichen Bann nach sich. [...] Die im ganzen Reichsgebiet gültige Acht wird als „Reichsacht" (lat. *proscriptio regis, bannum imperiale*) bezeichnet. ₂₀

Nach: http://u01151612502.user.hosting-agency.de/malexwiki/index.php/ Acht (Zugriff: 28. April 2017)

c) *Das Wormser Edikt von 1521 können Sie in Auszügen unter dem Code 7318-10 abrufen.*

1. *Beschreiben Sie, was Petra Gerster unter „vogelfrei" versteht und welchen Eindruck ihre Wortwahl zur Situation Luthers erweckt (Text a).*

2. *Fassen Sie die Begriffsdefinition zu „Acht/Reichsacht" in eigenen Worten zusammen (Text b).*

3. *Geben Sie wieder, welcher „Umgang" mit Luther und seinen Anhängern/Helfern im Wormser Edikt festgelegt wird (Text c).*

4. *Vergleichen Sie die drei Materialien (Text a bis c) miteinander. Zeigen Sie Übereinstimmungen und Widersprüche auf.*

5. *Beurteilen Sie Petra Gersters verkürzte Darstellung der Situation Luthers (Text a).*

6. *Diskutieren Sie, ob es sich um eine zulässige Vereinfachung handelt (Text a).*

7. *Vergleichen Sie die Darstellung (Text a) mit dem Ausschnitt aus der ZDF-Dokumentation „Luther und die Nation. Der Förderer der Deutschen Sprache" (13:56 bis 15:55, Min. : Sek.). Welche Darstellung überzeugt Sie mehr? Begründen Sie.*

M5 Dunkle Flecken?

Als Begründer der Reformation, der den damals mächtigsten Institutionen Kirche und Kaiser die Stirn geboten hat, gilt Martin Luther vielen Menschen als Vorbild und Held. Es liegt in der Natur von „Helden", unfehlbar zu sein. Es verwundert daher nicht, dass die aus heutiger Sicht Widersprüchlichkeit des Menschen Luther Kontroversen aufwirft. Es sind dabei besonders zwei Aspekte zu nennen: Luthers Haltung gegenüber Muslimen und Juden sowie seine Parteinahme für die Obrigkeit im Bauernkrieg. Hierzu gibt es eine Reihe von Darstellungen, die den Anspruch haben, auch über diese unverständlichen, gar „dunklen" Seiten Luthers aufzuklären.

Analyse folgender Filmszenen zu den Bauernaufständen
- *„Luther und die Nation. Der Förderer der Deutschen Sprache" (Dokumentation): 21:25 bis 28:19 (Min. : Sek.)*
- *„Martin Luther – Petra Gerster auf den Spuren des Reformators" (Dokumentation): 25:48 bis 29:35 (Min. : Sek.)*

1. *Die beiden Dokumentationen verwenden dieselben Spielszenen, unterscheiden sich aber im Kommentar. Betrachten Sie die Ausschnitte zunächst ohne Ton. Beschreiben Sie anschließend Ihre Eindrücke.*

2. *Betrachten Sie die Ausschnitte erneut, diesmal mit Ton. Analysieren Sie sie. Wie steht Luther in diesen Szenen jeweils zur Niederschlagung der Bauernaufstände?*

Vertiefung: Luthers aggressive und intolerante Haltung gegenüber anderen Gruppen ist für uns heute besonders schwierig. Der sich in seinen späteren Schriften äußernde Antisemitismus ließ sich leicht von den Nationalsozialisten instrumentalisieren. Lange Zeit tat sich daher auch die theologische und die geschichtswissenschaftliche Forschung schwer, mit diesem Aspekt Luthers differenziert umzugehen, wollte man ihn doch nicht als „Ur-Nazi" diffamieren. Entsprechende Verweise auf diese „Verwendung" im „Dritten Reich" sind daher unbedingt als nachträgliche Konstruktion zu erkennen, als spätere Rezeption, die nicht zwangsläufig die zeitgenössischen Intentionen und Ansichten Luthers widerspiegeln. Mittlerweile kristallisiert sich ein differenzierteres Bild, auch in den populär-kulturellen Darstellungen heraus. Dennoch scheiden sich gerade an diesem Aspekt bis heute die Geister.

Stellen Sie sich vor, Sie seien ein Profiler. Martin Luther wird posthum vorgeworfen, den nationalsozialistischen Antisemitismus begründet und vorbereitet zu haben. Ihre Aufgabe ist es, eine zeitangemessene Einschätzung und Erklärung der Haltung von Martin Luther zu erstellen. Wägen Sie sowohl kritische als auch verständnisvolle Perspektiven ab. Sie sollen Ihre Beurteilung mit einer begründeten Empfehlung abschließen, wie diese Aspekte in aktuellen Luther-Erinnerungen berücksichtigt werden sollten. Stellen Sie abschließend der Klasse Ihr „Luther-Profil" vor, z. B. als PowerPoint-Präsentation oder auf einer Stellwand.
Folgende Materialien können Ihnen hierbei helfen:
- *Filmszene aus der ZDF-Dokumentation „Martin Luther – Petra Gerster auf den Spuren des Reformators": 29:35 bis 32:02 (Min. : Sek.)*
- *Mehrere Artikel zum Thema „Martin Luther und die Juden" auf der Interseite „Luther 2017 – 500 Jahre Reformation" unter dem Code 7318-11*
- *Artikel „Trägt Martin Luther eine Mitschuld am Völkermord?" von Uwe Sauerwein auf „Welt Online" vom 28. Oktober 2016 unter dem Code 7318-12*

Geschichte in den Neuen Medien

WENN DAS iPHONE 500 JAHRE FRÜHER ERFUNDEN WORDEN WÄRE ...

1517 POSTETE MARTIN LUTHER SEINE 95 THESEN, DIE VOM PAPST NICHT GELIKED WURDEN UND 1618 ZUM DREIßIGJÄHRIGEN SHITSTORM FÜHRTEN ...

ERL17

▶ **Luther und Social Media.**
Karikatur „10 Jahre iPhone" von Martin Erl aus dem Jahre 2017.
■ *Übersetzen Sie die jugendsprachlichen Ausdrücke in eine fachwissenschaftlichere Darstellung der Ereignisse.*
■ *Diskutieren Sie, welche damals „neuen Medien" maßgeblich für die Verbreitung der Reformation waren und ob heutige „neue Medien" eine ähnliche Wirkung haben können. Finden Sie dazu Beispiele aus der jüngeren Geschichte oder Gegenwart.*

Was ist „neu" an den „Neuen Medien"? ■ Muss man jungen Menschen *„Neue Medien"* heute noch erklären? Seit der flächendeckenden Versorgung mit dem Internet und der Entwicklung mobiler, leistungsstarker Kleincomputer wie Tablets und Smartphones ist die alltägliche Nutzung für die meisten eine Selbstverständlichkeit. Für die jüngere Generation, den sogenannten *Digital Natives*, stellen sie daher keine neuen, sondern alltägliche Medien dar.

Dennoch hält sich die Bezeichnung „Neuen Medien" hartnäckig, auch wenn sich langsam die Bezeichnung *„digitale Medien"* durchsetzt. Ihnen werden umwälzende Veränderungen unserer Gesellschaft bis hin zu einer „digitalen Revolution" unterstellt (▶ M1). Aber was ist oder war denn eigentlich so „neu"? Persönliche Kommunikation über geografische Entfernungen hinweg gibt es schon länger: Brief, Telegrafie, Telefon und Fax. Auch audio-visuelle Medien wie Videos, Dokumentationen und Spielfilme sind nicht mehr „neu". Die eigene Meinung ließ sich früher schon in der Öffentlichkeit äußern, so als Leserbriefe in Zeitungen oder als ganz persönlicher Ausdruck individueller Weltdeutung, wie z. B. die öffentlichen Debatten in der Speaker's Corner in London. Hyperlinks zu anderen Informationen finden sich als Querverweise in gedruckten Lexika. Selbst in der Unterhaltung werden sie schon länger genutzt, beispielsweise wenn der Leser den Verlauf von Micky-Maus-Geschichten frei wählen kann. Sind es also nur die ständige und unmittelbare Verfügbarkeit und die vereinfachten Interaktionsmöglichkeiten, die sie zu „Neuen Medien" machen? Und was heißt in diesem Zusammenhang überhaupt *„Medium"*?

Medium – eine Begriffsdefinition ■ Der Medienbegriff ist äußerst vielfältig. Je nach Forschungsdisziplin wird er verschieden definiert und auch in der Alltagssprache wird er unterschiedlich und ungenau verwendet. Um sich über die Möglichkeiten und Grenzen der neuen, besser: digitalen Medien für das historische Denken und Lernen klar zu werden, kann eine reduzierte Begriffsdefinition genügen: Als Medien lassen sich ganz vereinfacht gesprochen alle Hilfsmittel von Kommunikation bezeichnen. Dabei sind drei Bereiche zu unterscheiden: 1. die zugrunde liegenden, gemeinsamen *Zeichensysteme*, 2. die technischen (physikalischen) Mittel der Übertragung (*Trägermedien*) und 3. die Gestalt / Form der zu übermittelnden Inhalte (*Gattungen*).

Zeichensysteme als Grundlage der Verständigung ▪ Grundlage jeder Kommunikation ist die Verwendung gemeinsamer, dem Sender und Empfänger bekannter Zeichensysteme, die ein Verstehen überhaupt erst ermöglichen. Das einfachste, wenn auch nicht von Verstehenshemmnissen freie Beispiel ist die Verwendung einer gemeinsamen Sprache. Selbst innerhalb der für einen Kulturkreis oder ein Land geltenden allgemeinen Sprachkonventionen finden sich dabei zahlreiche Varianten: Jugendsprache, Dialekte, Wissenschaftssprache, Bildungssprache, Hochsprache und Alltagssprache. Schon hier lassen sich erste Verstehensschwierigkeiten feststellen, wenn z.B. ein Verfassertext in einem Schulbuch geschichtswissenschaftliche Begriffe verwendet, die alltagssprachlich andere Bedeutungen haben.

Das verwendete Zeichensystem muss daher in seiner symbolischen, übertragenen und konkreten Bedeutung beiden bekannt sein. Nicht zuletzt deshalb ist das Entschlüsseln von Quellen, vor allem zeitlich oder kulturell „fremden", immer auch mit einer „Übersetzung" in aktuell gültige Zeichensysteme notwendig und oft sehr schwierig.

Trägermedien ▪ Um einen Kommunikationsprozess zwischen Sender und Empfänger in Gang zu setzen, bedarf es technischer Übertragungswege, der sogenannten Trägermedien: Gesprochenes wird als modulierter Schall durch die Luft übertragen. Schriftlich, zeichnerisch, fotografisch und filmisch Festgehaltenes wird auf Stein, Papyrus, Pergament oder Papier gesammelt und oft zusammengetragen in Medien wie Zeitungen, Zeitschriften und Büchern, aber auch auf Foto- und Filmabzügen transportiert. Elektronisch aufgenommene oder digitalisierte Aussagen werden auf mobilen und immobilen Datenträgern gespeichert: USB-Sticks, DVDs oder Server. Für das Abrufen sind dann die entsprechende Software (z.B. Browser) sowie Ausgabegeräte wie PC / Monitor und Beamer notwendig.

Botschaft und Gattung ▪ Den intendierten Inhalten (Botschaften) muss dann auch eine spezifische, dem Empfänger verständliche, mediale Form (Gattung) gegeben werden wie zum Beispiel: Gespräche mit verbalen wie non-verbalen Ausdrucksmitteln (Körpersprache, Intonation, Gestik, Mimik), politische Reden, Historiengemälde, Herrscherporträts, Kriegsfotografie, „Filme" sowie digitale, meist multimediale und medienverbindende Angebote wie Fachportale oder virtuelle Ausstellungen.

Ob diese Botschaft vom Empfänger auch im Sinne der Aussageabsicht verstanden wird, ist von vielen Faktoren abhängig, die hier nicht erörtert werden müssen. Es ist aber bei der Rezeption und der Produktion von Inhalten wichtig zu berücksichtigen, dass ein Adressat nicht einfach passiv Inhalte aufnimmt, sondern diese in aktiven Prozessen filtert, selektiert, deutet und gegebenenfalls in seine vorhandenen Wissens- und Vorstellungsstrukturen integriert oder sie ablehnt.

Medium	Minuten am Tag
Internet	187
Fernsehen	144
Hörfunk	137
CD/MC/LP/MP3	51
Bücher	22
Tageszeitung	9
DVD	9
Zeitschriften	1

▲ **Tägliche Nutzungsdauer verschiedener Medien durch 14- bis 29-Jährige (Studie von 2015).**
Nach: www.br-online.de/jugend/izi/deutsch/Grunddda-ten_Jugend_Medien.pdf (Zugriff: 12. Mai 2017; siehe dort Seite 6; Die Ergebnisse von 2015 beruhen auf der ARD/ZDF-Langzeitstudie Massenkommunikation. Befragt wurden 4300 Personen ab 14 Jahre.)

- ✚ *Führen Sie in Ihrer Klasse ein Umfrage durch: a) zur täglichen Nutzungsdauer verschiedener Medien und b) zu den Internetangeboten, die Sie am liebsten nutzen. Vergleichen Sie anschließend Ihre Ergebnisse mit den beiden Tabellen.*

Internet-angebot	Mädchen (in Prozent)	Jungen (in Prozent)
YouTube	58	69
WhatsApp	51	32
Facebook	26	26
Instagram	32	13
Google	15	10
Snapchat	16	5
Spotify	3	6
Netflix	4	6
Amazon	3	5
Wikipedia	4	5
Twitter	2	2

▲ **Internetangebote, die 12- bis 19-Jährige am liebsten nutzen (Studie von 2016).**
Nach: www.br-online.de/jugend/izi/deutsch/Grunddda-ten_Jugend_Medien.pdf (siehe dort Seite 39; Die Ergebnisse basieren auf der JIM-Studie 2016 des Medienpädagogischen Forschungsverbundes Südwest. Befragt wurden 1188 Personen, die max. drei Nennungen machen durften.)

Digitalisierung und ihre Auswirkungen – eine Revolution? ■ In den Medienwissenschaften wird diskutiert, ob es sich bei den digitalen Medien um echte „neue" Medien handelt, oder ob sich nicht nur bestehende Kommunikations-, Partizipations- und Zugangschancen erhöht haben. Manche sehen in ihnen den Motor zur Transformation unserer Gesellschaft hin zu einer Wissensgesellschaft, wobei durchaus auch mögliche Probleme, die durch digitale Medien entstehen können, berücksichtigt werden (▸ M2). Durch die tägliche Nutzung dieser Medien erhofften sich Forscher eine drastische Kompetenzzunahme jüngerer Menschen. Diese Hoffnung hat sich nicht erfüllt (▸ M3). Das mag auch daran liegen, dass die hauptsächliche Nutzung im Freizeitbereich erfolgt. Hier dominieren Kommunikation und Unterhaltung.

Mediennutzung in der Welt Jugendlicher ■ Die Mediennutzung kann in eine technische und eine inhaltliche Dimension unterschieden werden. In technischer Hinsicht dominiert bei Jugendlichen die Handy-Nutzung, wobei inhaltlich unterschieden werden muss, wofür sie es nutzen. Als Allroundgerät dient es primär der Kommunikation, aber auch der raschen Informationsrecherche im Internet, dem Betrachten und Teilen von Videos und Musik. Im schulischen Kontext kann es genutzt werden, um anspruchsvolle Projekte wie das Erstellen einer kleinen Dokumentation zu unterstützen. Für eine nachhaltigere Auseinandersetzung mit Inhalten und ihrer Aufbereitung, zum Beispiel als Präsentation für die Klasse, als Erstellung eines eigenen Angebotes und als Recherche nach Informationen und Quellen, dürften Laptops und PCs immer noch besser geeignet sein. In dieser Hinsicht werden digitale Medien von Jugendlichen zumindest außerhalb von Schule jedoch kaum genutzt.

Geschichte und Medialität ■ In der jeweiligen Gegenwart sind unmittelbare Primärerfahrungen möglich, auch wenn die meisten gesellschaftlich wichtigen Ereignisse von uns in der Regel nur als Sekundärerfahrungen, also durch die Medienberichterstattung, wahrgenommen werden. Die Vergangenheit dagegen ist vorbei. Wir können vergangene Ereignisse nicht mehr unmittelbar beobachten, geschweige denn an ihnen teilnehmen. Eine unmittelbare Erfahrung vergangenen Geschehens ist somit nicht mehr möglich. Vergangenheit und Geschichte werden daher zwangsläufig ausschließlich medial vermittelt.

In geschichtsdidaktischer Hinsicht wird zwischen zwei Mediengruppen unterschieden: Zum einen die Hinterlassenschaften aus der Vergangenheit, mithin die *Quellen*. Zum anderen die retrospektiven Deutungen und Sinnstiftungen dieser Hinterlassenschaften, also die *Geschichtsdarstellungen*, die zwangsläufig medial verbreitet und rezipiert werden. Da diese zunehmend online zur Verfügung stehen, sind die Möglichkeiten historischen, lebenslangen Lernens auch außerhalb von Schule so groß wie nie.

Geschichtslernen und Medienkompetenzen ■ Für einen angemessenen Umgang mit digitalen Medien ist – nicht nur, aber auch – für das Fach Geschichte eine allgemeine Medienkompetenz notwendig. Der Pädagoge *Rolf Schulmeister* übernimmt den englischsprachigen Begriff *„Digital literacy"* (*„Digitalkompetenz"*), den er wie folgt definiert: „Digital literacy deckt eine Problematik ab, die von der Informationskompetenz über die Kommunikationskompetenz bis zur Medienkompetenz reicht. Der Begriff impliziert keineswegs, dass damit die Kompetenzen, die es immer schon im Kontext der analogen Medien gegeben hat, obsolet[1] geworden seien. Im Gegenteil: Lesekompetenz und genaues Zuhören, kritischer Umgang mit Informationen und Werbung aus Zeitungen, Radio und Fernsehen zählen selbstverständlich weiterhin zu dem, was man im angelsächsischen Wissenschaftsbetrieb als Literacy bezeichnet. Während es bei der Informationskompetenz darauf ankommt, den „Bedarf an Information zu erkennen, gezielt nach ihnen zu suchen, sie kritisch auszuwählen und effektiv weiter zu nutzen", definiert sich die Medienkompetenz weniger durch die Handhabung von Hard- und Software und im Zugang zu Ressourcen, sondern vor allem durch die Fähigkeit, Inhalte und Kommunikationsprozesse in den Medien zu verstehen und kreativ an ihnen mitzuwirken."[2]

Die hier beschriebenen Kompetenzen müssen für historisches Lernen und Denken fachspezifisch differenziert werden (▶ M4). Besonders der Aspekt der eigenen (Mit-) Gestaltung von Inhalten hatte zu der Hoffnung auf eine Demokratisierung der Wissensgesellschaft geführt. Studien zeigen aber, dass der weit überwiegende Teil der Nutzer eher passiv-rezeptiv online ist. Nur eine kleine Minderheit erstellt tatsächlich eigene Inhalte, sodass hier die Befürchtung des Entstehens einer digitalen Meinungsbildungselite die anfängliche Hoffnung verdrängt hat.

Herausforderungen der Internetnutzung ■ Für historisches Lernen bieten die Möglichkeiten der digitalen Medien eine Reihe von Chancen, werfen aber auch einige Probleme auf: Hypertext-basierte Angebote befördern den Hang zum „Zappen". Geschichtsdarstellungen (und Quellen) folgen primär einer linearen Struktur, weil zeitdifferente Ereignisse einer linearen Chronologie folgen, die dann in kausale Zusammenhänge gerückt werden. Aus einer Fülle an Informationshäppchen entsteht so in der Regel keine sinnhafte Narration, die aller Geschichte zugrunde liegt. Abgesehen davon kann durch sprunghaftes Verfolgen solcher Informationsketten oder das Anklicken beigefügter anderer Medien, sobald die eigene Aufmerksamkeitsspanne erschöpft ist, das ursprüngliche Ziel der Auseinandersetzung verloren gehen: *Lost in Cyberspace*.

Eine ähnliche Nutzung ist auch für Videokanäle anzunehmen. Hier werden „Filme" manchmal nur in Ausschnitten zur Verfügung gestellt. Zudem ist die Versuchung groß, einen Film nicht ganz anzuschauen, sondern immer wieder auf andere Angebote, die in der Randspalte angezeigt werden, auszuweichen, sobald das Interesse erlahmt. Diese werden dann womöglich erneut nur ausschnitthaft und oberflächlich wahrgenommen, bis der nächste Clip zum Aufruf lockt.

Der Umfang von Text ist nicht nur in den *Social Media* eingeschränkt. Auf Webseiten wird versucht, das Scrollen durch längere Textabschnitte möglichst zu verhindern, damit die Betrachter nicht abgeschreckt werden und schnell wieder im Cyberspace nach anderen, kürzeren Angeboten suchen. Überhaupt scheint das Nutzungsverhalten

---

[1] **obsolet**: überflüssig
[2] Zitiert nach: Rolf Schulmeister, Vom Mythos der Digital Natives und der Next Generation, in: Berufsbildung in Wissenschaft und Praxis, herausgegeben vom Bundesinstitut für Berufsbildung, Heft 3/2012, S. 46 f.

der meisten User im scharfen Gegensatz zu den notwendigen Verfahren einer gründlichen Auseinandersetzung mit den Inhalten zu stehen: Die mittlere Verweildauer auf Internetseiten liegt im Sekunden-, selten im Minutenbereich, Informationen werden allenfalls überflogen, Passendes wird unkritisch per copy and paste aus Kontexten entnommen und ohne Verweis zu eigenen, neuen Texten verwoben.

Die bereitwillige Auseinandersetzung mit längeren Texten war schon immer für viele Menschen eher eine lästige Pflichtübung. Angesichts der Beschleunigung und rasanten Zunahme an Informationsangeboten in der digitalen Welt bei gleichzeitiger sprachlicher Verkürzung befürchten Experten, dass die Sprachkompetenzen und Aufmerksamkeitsspannen und die Bereitschaft, sich länger mit Texten auseinanderzusetzen, weiter abnehmen. Erste Untersuchungen scheinen dies zu belegen.

Unterschiedliche Informationsbedürfnisse ■ In der Praxis dominieren zwei Informationsbedürfnisse: Erstens das *situative Suchen*. Das heißt, der Nutzer benötigt nur kurze und prägnante Informationen auf der reinen Sachebene, beispielsweise wer eine historische Person war, wann und wo ein Ereignis stattgefunden hat, wer beteiligt war. Hierfür reicht es meistens aus, Online-Lexika aufzurufen, auch weil gedruckte Lexika entweder nicht zur Verfügung stehen oder zu diesen Bereichen keine Einträge verzeichnen. Zwar besteht immer die Gefahr, dass im Internet falsche Informationen angeboten werden, wie eine Studie aber zeigt, trifft dies auch auf gedruckte Werke zu.

Davon zu unterscheiden ist zweitens die *vertiefte Auseinandersetzung* mit historischen Gegenständen und Themen. Hierfür reichen rein lexikalische Informationen nicht aus. Sie können zwar eine erste Orientierung über grundlegende Daten und Fakten liefern, aber eine Auflistung von Fakten macht noch keine „Geschichte". Für eine Beschäftigung mit Angeboten, die dem Suchenden helfen sollen, eine Deutung der Vergangenheit vorzunehmen, hat sich als Verfahren die wissenschaftliche Methode[1] bewährt: Es geht zunächst darum, eine geeignete, interessante und relevante Frage zu finden. Hierzu werden Informationsmaterialien und gegebenenfalls auch schon Quellen recherchiert und grob gesichtet/ausgewertet. Dieser Prozess hat wiederum Auswirkungen auf die Konkretisierung oder Modifizierung der Frage, sofern es sich nicht um eine Frage handelt, die nur nach einem „Was ist wann wie passiert" fragt.

Informationsrecherche: Suchmaschinen ■ *Wikipedia* ist häufig die erste Informationsquelle für die meisten Nutzer. Das liegt zum einen daran, dass *Suchmaschinen* Wikipedia-Artikel häufig sehr weit oben in der *Trefferliste* positionieren, vor allem, wenn relativ unspezifisch gesucht wird. Suchmaschinen hierarchisieren die Treffer nach einer eigenen Logik. Die zugrunde liegenden Kriterien werden hierbei nicht offengelegt. Faktoren sind die Häufigkeit, mit der auf die Seite verlinkt wird, und wie oft die Suchworte auf der Seite erscheinen. Ein weiterer besteht in der Auswertung der Häufigkeit des Aufrufs dieser Seiten durch alle Nutzer, also die Beliebtheit des Angebotes. Nicht zuletzt werten Suchmaschinen aber auch das individuelle Nutzungsverhalten aus und berücksichtigen dies in ihrer Anordnung der Treffer. Damit sollte deutlich sein, wieso Wikipedia häufig so weit oben platziert wird. Letzten Endes verfestigt sich diese Spitzenposition auch dadurch, dass die meisten Nutzer in der Regel nur die obersten Treffer aufrufen. Wer es schafft, einige Wochen Wikipedia nicht aufzurufen, obwohl die Artikel

---

[1] Siehe hierzu nochmals das Schaubild (M1) auf Seite 13 sowie die Definition des Begriffes „Triftigkeit" zum historischen Erkenntnisprozess auf Seite 11.

oben positioniert sind, wird feststellen, dass sich die Anordnung der Treffer mittelfristig verändert. Eine Gewähr für die Güte des Angebotes ist eine hohe Platzierung demnach jedenfalls nicht.

Recherchestrategien ■ Es ist daher wichtig, über das eigene Nutzungsverhalten nachzudenken. Werden also Treffer jenseits einschlägiger Seiten gesucht, empfiehlt es sich, die Trefferliste auch nach nachgeordneten Treffern zu sichten. Zudem kann es hilfreich sein, die Suchbegriffe zu präzisieren und nicht nur inhalts- und themenbezogene Schlagwörter zu verwenden, sondern diese auch mit wissenschaftlichen Begriffen zu kombinieren. Ein Beispiel: Wird nach Informationen zu „Reformation, Luther" gesucht, zeigt die Suchmaschine einschlägige Seiten wie Wikipedia, Kinderzeitmaschine oder Planet Wissen an. Dies sind durchaus hilfreiche Seiten, die in der Regel aber den komplexen Forschungsstand nur allgemein und oberflächlich berücksichtigen, weil sie sich an die allgemeine Öffentlichkeit richten. Kombiniert man die beiden Wörter mit Wissenschaftsbegriffen wie „Literatur, Kontroverse", werden Seiten mit höherem wissenschaftlichen Anspruch in der Trefferliste weiter oben platziert. So werden nun auch zum Beispiel Verweise auf Artikel überregionaler Zeitungen (FAZ, Zeit) oder auf nationale Hörfunkprogramme (Deutschlandfunk) auf der ersten Seite angezeigt.

Eine weitere Strategie kann darin bestehen, gezielt nach Seiten zu suchen, die wissenschaftliche Literatur verwenden. Hierfür muss natürlich zunächst recherchiert werden, welche aktuellen Publikationen es gibt und wie diese wissenschaftlich beurteilt werden. Hierbei kann, je nach Qualität des Artikels, Wikipedia eine Starthilfe sein. Der Beitrag zur Reformation verweist auf eine Reihe von aktuellen geschichtswissenschaftlichen Veröffentlichungen, z.B. Luise Schorn-Schütte, Die Reformation. Vorgeschichte, Verlauf, Wirkung, C.H.Beck Verlag, München 2016. Wird mithilfe einer Suchmaschine der Titel als Phrase gesucht, listet die Trefferanzeige nun allerdings eine Reihe wenig hilfreicher Seiten auf: Die Verlagsseite mit der Buchankündigung, Online-Kaufhäuser, bei denen das Buch bestellt werden kann, oder reine Literaturlisten, in denen das Buch gelistet wird. Diese Treffer lassen sich aber leicht und schnell durch Überfliegen der Kurzbeschreibung herausfiltern. Zudem tauchen nun auch Seiten auf, die entweder Auszüge aus dem Buch einsehbar machen oder auf wissenschaftliche und populär-wissenschaftliche Fachportale verweisen.

Suchmaschine	Marktanteil (in Prozent)
Google	94,52
Bing	4,16
Yahoo	0,98
T-Online	0,12
Ask.com	0,12
AOL Suche	0,08
Yandex	0,06

▲ **Marktanteile führender Suchmaschinen in Deutschland (Stand: Februar 2016).** Nach: https://de.statista.com/statistik/daten/studie/167841/umfrage/marktanteile-ausgewaehlter-suchmaschinen-in-deutschland/ (Zugriff: 11. Mai 2017)

Literaturbewertung ■ Um sich über Qualität und Aktualität, aber auch über grobe Inhalte solcher Werke einen Einblick zu verschaffen, kann gezielt nach Rezensionen gesucht werden. Dies ist einfach möglich, indem Autorenname, Titel und Jahresangabe der Publikation sowie der Begriff Rezension in eine Suchmaske eingegeben werden. Die anschließende Auswertung der Trefferliste sollte dann nach populär-wissenschaftlichen Besprechungen, meist im Feuilleton überregionaler Zeitungen, und Rezensionen auf Fachportalen unterscheiden. Erstere sind eher allgemeinverständlich gehalten und besprechen nur selten fachwissenschaftliche Titel, letztere berücksichtigen stärker den aktuellen Forschungsstand. Auch dies ist ein wichtiges Mittel, sich wissenschaftsorientiert mit einer Thematik auseinanderzusetzen.

Internettipp
Besprechungen von neuen Sachbüchern finden Sie auf der Internetseite von H-Soz-Kult, einer Informations- und Kommunikationsplattform für Historikerinnen und Historiker. Geben Sie dazu im Suchfeld den Begriff „Rezension" ein. Siehe hierzu den Code 7318-13.

Lesestrategien ▪ Mit etwas Glück werden seriöse Angebote gefunden, die sich häufig dadurch auszeichnen, dass sie komplexe Themen ausführlich behandeln. Oder man stößt bei *Google Books* auf Fachliteratur, die sich weitgehend vollständig online lesen lässt. Darüber hinaus können im Internet auch oft Fachaufsätze, Dissertationen, Sammelbände oder Monografien als pdf-Datei heruntergeladen werden.

Fachtexte werden in der Regel nicht vollständig gelesen, nicht nur, weil sie häufig hunderte von Seiten umfassen. Sofern bereits ein ausgeprägtes Orientierungs- und Kontextwissen vorhanden ist, werden in der Regel gezielt Passagen gesucht, die sich mit der eigenen Fragestellung näher beschäftigen. Es schadet dabei nicht, die einleitenden Passagen eines Aufsatzes, das Einleitungskapitel von Monografien, Ausstellungskatalogen und virtuellen Ausstellungen zu lesen. Hier wird nicht nur der Kontext der Publikation beschrieben. Man erfährt auch, worum es sich im Werk handelt, welche Fragen aufgeworfen und welche Bereiche ausführlicher dargestellt werden. Außerdem sind die Verfasser häufig bemüht, die besondere gesellschaftliche und individuelle Relevanz des Werkes zu verdeutlichen.

Ein Blick in das Inhaltsverzeichnis und das Register helfen, die Stellen zu finden, in denen es primär um das Thema der eigenen Fragestellung geht. Mit der Tastenkombination Strg-f lassen sich zudem Schlagworte in Textdateien und auf Webseiten finden. Es ist zwar in der Regel notwendig, auch den unmittelbaren Kontext zur Kenntnis zu nehmen. Gleichwohl filtert es die zu lesenden Passagen und schränkt den Leseaufwand deutlich ein. Erst wenn die Passagen unverständlich bleiben, muss ein Aufsatz oder eine Monografie in größeren Sinneinheiten gelesen werden.

Das skizzierte Verfahren zeigt, dass die Recherche nach und Sichtung von seriösen Informationsangeboten Zeit und Mühe kostet. Ebenso wird deutlich, dass es notwendig ist, sich auch längere Texte zu erarbeiten, um sich vertieft mit einem Gegenstand auseinanderzusetzen. Die Länge von Tweets oder Kurzbeschreibungen reicht einfach nicht aus, um komplexe Sachverhalte historisch weitgehend korrekt zu erfassen.

Die Online-Enzyklopädie Wikipedia ▪ Die frühere Ablehnung von Wikipedia von Fachwissenschaftlern und Lehrern resultiert wohl auch aus der Erfahrung, dass hier Falsches, Unvollständiges, Ungeprüftes und in die Irre Führendes zu finden war. Das hat sich mittlerweile deutlich gebessert. Viele Artikel sind sehr umfangreich, dicht belegt, fußen auf geschichtswissenschaftlicher Literatur und sind um eine ausgewogene Darstellung bemüht. Vor allem gesellschaftlich relevante und sensible Themen, z. B. Nationalsozialismus, werden zudem gründlich geprüft.

Ein Problem bleibt, dass die Prüfungskriterien nicht geschichtswissenschaftlich orientiert sind, sondern sich hauptsächlich nach anderen Kriterien richten, die nicht immer transparent sind. Da sowohl Schreiber als auch die Prüfer (Moderatoren) in der Regel keine ausgebildeten Fachwissenschaftler sind, entsprechen einige Beiträge auch nicht geschichtswissenschaftlichen Kriterien, wie exakten Belegen, Berücksichtigung des aktuellen, auch kontroversen Forschungsstandes. Zudem setzt sich hier auch manchmal durch, was Schreiber und Moderatoren als allgemein anerkannt ansehen, und komplexe Darstellungen werden als zu schwierig abgelehnt. Geschichtswissenschaftliche Erkenntnisse folgen aber nicht immer den allgemein anerkannten Vorstellungen. Wissenschaftliche Erkenntnis ist kein demokratischer Prozess. Zudem setzt sich in manchen Beiträgen dann auch derjenige durch, der am hartnäckigsten seine Meinung vertritt und andere immer wieder löscht oder „korrigiert".

Dennoch ist eine deutliche qualitative Verbesserung der meisten Beiträge festzustellen. Das drückt sich auch darin aus, dass Beiträge zu komplexen Sachverhalten

▶ **Jimmy Wales auf der Computermesse CeBit.**
Foto vom März 2014, Hannover.
Der US-amerikanische Internet-Unternehmer Jimmy Wales zählt zu den Hauptgründern von Wikipedia. Die Online-Enzyklopädie wurde 2001 ins Leben gerufen und umfasste 2015 mehr als 37 Millionen Artikel von ehrenamtlichen Autoren in rund 300 Sprachen. Die meisten Einträge sind in Englisch verfasst, gefolgt von Schwedisch und Deutsch.
Etwa 21 Jahre würde ein normaler Mensch brauchen, um alle bisherigen englischsprachigen Beiträge auf Wikipedia zu lesen.
Seit 2011 finden jährlich in Deutschland Wiki-Conventions („WikiCon") statt, auf denen die Teilnehmer über die Qualität der deutschsprachigen Artikel in der Online-Enzyklopädie diskutieren.

zunehmend umfangreich sind. Das Problem besteht nun allerdings darin, dass gerade solche Artikel für den allgemein Interessierten häufig nicht mehr verständlich und handhabbar sind, dass die eigentliche Intention, einen knappen Überblick zu bieten, damit nicht mehr bedient wird.

Weitere Online-Angebote 🖥 Wikipedia ist auch deshalb von besonderer Bedeutung, weil es mittlerweile nahezu konkurrenzlos ist. Andere Fachlexika sind im Zeitalter des Internets zunehmend in ökonomische Probleme geraten. So wird das Universallexikon *Brockhaus* nicht mehr in gedruckter Form aufgelegt, seine Online-Präsentation konnte sich nicht gegen Wikipedia behaupten und ist seit einiger Zeit nur noch kostenpflichtig nutzbar. Ein Geschichtslexikon, das universalgeschichtlich alle Sektoren (Wirtschaft-, Politik-, Alltags-, Geschlechtergeschichte etc.), Epochen und Kulturen abdeckt, gibt es zudem weder in gedruckter noch in digitaler Form.

Es gibt zwar auch Speziallexika, zum Teil auch online, so z. B. für die Antike *„Der neue Pauly"* oder für das Mittelalter das *„Lexikon des Mittelalters"*, wie auch Quellensammlungen, z. B. *„Monumenta Germania Historiae"* zunehmend digital zur Verfügung gestellt werden. Für die Belange des interessierten Laien oder für den Schulgebrauch sind sie jedoch viel zu speziell und schwierig in Sprache und Handhabung. Sie richten sich an ausgebildete Fachwissenschaftler und bedienen primär deren Forschungsbedürfnisse.

Andere Angebote für die interessierte Allgemeinheit, wie *wissen.de* oder *planetwissen.de*, bieten jedoch keine brauchbaren Überblicksdarstellungen zur Orientierung, weil hier in der Regel die Verweise auf Quellen und Literatur völlig fehlen.

Besser geeignet sind hier die multimedialen, fachportal-ähnlichen Angebote im Bereich Geschichte der *Bundeszentrale für politische Bildung* (▶ M5) oder das *Lebendige Museum Online* (▶ M6), je nach Thema und in variierender Qualität auch die Angebote der öffentlich-rechtlichen Sendeanstalten und der überregionalen Zeitungen. Aber auch Online-Ausstellungen und virtuelle Museen können spannend und hilfreich sein (▶ M7).

Die Internetrecherche und -nutzung nach dem Vorbild der historischen Methode ist daher nicht einfach, aber auch nicht unmöglich.[1]

---

[1] Siehe hierzu den Methoden-Baustein „Internetseite" auf Seite 77 bis 80.

Internettipps

■ *360-Grad-Rekonstruktionen des antiken Rom finden Sie auf der französischen Internetseite „Plan de Rome".*

■ *Einen virtuellen Rundgang durch das ehemalige Konzentrationslager Auschwitz bietet der Internetauftritt des Museums Auschwitz-Birkenau.*

■ *Ein anschauliches Beispiel eines Filmprojektes von Geschichtsstudenten, die eine knapp 17-minütige Dokumentation mit dem Titel „Das Geheimnis der verrotteten Hand von Münster (Westfalen)" im Jahre 2013 erstellt haben, lässt sich auf dem Wissenschaftsportal der Gerda Henkel Stiftung abrufen.*
Zu den drei Internettipps siehe den Code 7318-14.

Weitere Nutzungsmöglichkeiten des Internets ■ Neben der hauptsächlichen Funktion als Informations- und Materialpool sollen abschließend noch einige weitere Möglichkeiten der Internetnutzung skizziert werden.

Zur Veranschaulichung früherer Technik und Lebensumstände lassen sich auch im Netz zahlreiche *Rekonstruktionsmaterialien* finden. Angefangen von einfachen Zeichnungen und Illustrationen bis hin zu aufwändigen 3D-Rekonstruktionen ganzer Gebäude oder der Möglichkeit, historische Orte virtuell zu begehen. Der Mehrwert solcher Rekonstruktionen lässt sich nicht pauschal beurteilen, weil er vom Erkenntnisinteresse des Nutzers abhängt.

Vor allem *Zeitzeugenberichte* werden zunehmend digital gespeichert und online zur Verfügung stellt. Das ist – bei allen Problemen der Quelle Zeitzeuge – auch deshalb wichtig, weil ihre Berichte bald unwiderruflich verloren gehen (▶ M8).

Wie weiter oben ausgeführt, bestand eine Hoffnung darin, dass sich durch Digitalisierung und das Web2.0 mehr Möglichkeiten der eigenen *Erstellung von Geschichte* ergeben. Abgesehen vom Kommentieren von Filmen oder Videos auf den entsprechenden Kanälen, von der Teilnahme an Diskussionen zu Film- und Museumsrezensionen, Blogs zu Geschichts-Computerspielen oder dem Mitschreiben bei Wikipedia, ist es heute technisch einfach, eigene Narrationen digital zu erstellen und im Internet zu veröffentlichen, sofern Urheberrechte beachtet werden. Auch Schulseiten bieten häufig die Möglichkeit, unter der Rubrik „Geschichte" entsprechende Schülerprojekte zu präsentieren.

Die Teilnahme an *Learning Communities* und *Online-Kursen*, das Einrichten, Nutzen und Pflegen von *Learnwebs*, die Erstellung von *elektronischen Portfolios* sowie das Führen von *Weblogs* oder die Erstellung einer eigenen *historischen Stadtrallye* per QR-Codierung sind interessante Projekte, die aber in der Regel den Rahmen des im Geschichtsunterricht Machbaren überschreiten.

▲ **Entwicklungsgeschichte der Kommunikation.**
Zeichnung von Ferdinand Wedler.

- *Beschreiben Sie, wie der Illustrator Ferdinand Wedler die Entwicklungsgeschichte der Kommunikation darstellt.*
- *Arbeiten Sie heraus, was die einzelnen Strichzeichnungen symbolisieren sollen.*
- *Diskutieren Sie, wie die Geschichte der Kommunikation auch anders dargestellt werden könnte. Entwickeln Sie dazu eigene Lösungswege.*

M1 Eine digitale Revolution?

Der Geschichtslehrer Daniel Bernsen und der Mediendidaktiker Ulf Kerber schreiben in ihrer Einleitung zum Historischen Lernen im digitalen Zeitalter:

Die zunehmende Digitalisierung aller Lebensbereiche verändert unter anderem die Art und Weise, wie wir kommunizieren, wie wir arbeiten und wie wir unsere sozialen und kulturellen Identitäten entwickeln.
5 So verändern sich auch unsere Zugänge zu Wissen und Informationen und damit die Bedingungen, unter denen „Lernen" stattfindet. Diese „digitale Revolution" wirkt daher auch in den Bereich der Bildung hinein. Die Möglichkeiten der Vermittlung und Aneignung von Wissen vervielfältigen sich Jahr
10 um Jahr. Die Kommunikation und Anwendung von Wissen sind einem ständigen Wandel unterworfen. Es wandeln sich jedoch auch die Möglichkeiten der negativen Einflussnahme durch Manipulation, politische Propaganda und staatliche Überwachung. Neue Formen von Kriminalität und Gefahren
15 sind entstanden – ebenso wie neue Krankheiten und Suchtpotenziale.

Daniel Bernsen und Ulf Kerber, Einleitung, in: Dies. (Hrsg.), Praxishandbuch Historisches Lernen und Medienbildung im digitalen Zeitalter, Opladen 2017, S. 13 – 21, hier S. 13

1. *Lesen Sie zunächst M1 aufmerksam durch. Bernsen und Kerber sprechen davon, dass alle Lebensbereiche zunehmend digitalisiert werden (vgl. Zeile 1). Identifizieren und benennen Sie Lebensbereiche, die heute durch die Digitalisierung maßgeblich beeinflusst werden.*
2. *Nennen Sie Beispiele, an denen Sie die Veränderungen deutlich machen können.*

3. *Erstellen Sie eine Tabelle mit den Möglichkeiten, die digitale Medien bieten. Recherchieren Sie oder fragen Sie Ihre Eltern und Großeltern, ob und wie diese Möglichkeiten im „analogen Zeitalter" bestanden haben.*
4. *Beurteilen Sie, inwiefern die Bezeichnung „digitale Revolution" (Zeile 7) angemessen ist.*
5. *Erörtern Sie gemeinsam mit Ihren Mitschülern anhand konkreter Beispiele, welche Gefahren die zunehmende Digitalisierung birgt.*
6. *Überlegen Sie, welche Chancen die Neuen Medien für die Auseinandersetzung mit Geschichte und Vergangenheit bieten. Stellen Sie dar, in welcher Hinsicht Sie diese Potenziale selber ausschöpfen, und diskutieren Sie darüber in der Klasse.*

M2 Wissensgesellschaft und Grenzen

Die Psychologin Gabi Reinmann-Rothmeier skizziert in einem Aufsatz mögliche gesellschaftliche Veränderungen und Probleme, die durch die seit den frühen 2000er-Jahren sich abzeichnende zunehmende Digitalisierung der Gesellschaft auftreten:

Die gesellschaftliche Situation heute: von der Informations- zur Wissensgesellschaft
Die heutige gesellschaftliche Situation ist gekennzeichnet durch eine enorme Dynamik der Wissensentstehung und -durchdringung öffentlichen und privaten Lebens – ein 5 Grund dafür, warum immer häufiger von der Wissensgesellschaft die Rede ist. Die Wissensgesellschaft ist eine Gesellschaft, in der Wissen immer zentraler wird insbesondere für die Sicherung der wirtschaftlichen Entwicklung, aber auch für das soziale Handeln und die gesellschaftliche Position des 10 Einzelnen. Die Wissensgesellschaft ist angesichts des Fortschritts auf dem Sektor der Informations- und Kommunikationstechnologien (kurz: digitale Medien) natürlich auch eine technik-basierte Gesellschaft, in der vor allem Multimedia und Netzwerke eine immer wichtiger werdende Rolle spielen. 15 Im Gegensatz zur Informationsgesellschaft aber rückt die Wissensgesellschaft den Menschen, seine Kompetenzen, Ein-

▲ „Wir denken nicht! Wir google'n!.“
Foto vom September 2012, Weimar (Thüringen).
■ *Nehmen Sie zu der Aussage des Graffitis auf einer Hauswand in Weimar Stellung.*

stellungen und Werte in den Vordergrund. Die Entwicklung zur Wissensgesellschaft ist demnach vor allem eine Gestal-
20 tungsaufgabe. [...]

Auswirkungen der Wissensgesellschaft

Die Wissensgesellschaft hat schon jetzt enorme Auswirkungen vor allem auf die Arbeitswelt, etwa auf die Strukturen von Organisationen und vor allem auch auf Anforderungen
25 an individuelle Qualifikationen und Arbeitstätigkeiten. Aber selbst der private Bereich bleibt davon nicht ausgenommen: Behörden- und Bankangelegenheiten oder die Inanspruchnahme von Dienstleistungen – etwa im Telekommunikationsbereich – erfordern bereits Kenntnisse und Fertigkeiten
30 im Umgang mit digitalen Medien in einer Form, die durchaus überfordern kann. Und auch Phänomene wie Informationsflut und Wissensexplosion gepaart mit einer nie dagewesenen Zugänglichkeit von Information via Computernetzwerken, sind für den Einzelnen nicht immer ein Segen.

Probleme am Beispiel Internet
35 Am besten lassen sich die möglichen Probleme für den Einzelnen am Beispiel Internet demonstrieren. Die allgegenwärtige Behauptung etwa, dass dank des Internets jedem zu jeder Zeit alles Wissen dieser Welt zugänglich sei, ist übertrie-
40 ben und irreführend – aus mehreren Gründen:
- Zunächst einmal beinhalten weltumspannende Computernetze keineswegs alles Wissen dieser Welt. Computernetze sind ein Kommunikations- und Distributionsmedium[1] für alle erdenklichen Inhalte, die von
45 wissenschaftlich seriösen Erkenntnissen über interessante, aber subjektive Erfahrungen einzelner Personen

[1] **Distributionsmedium:** Medium zur Massenkommunikation

oder Gruppen bis hin zu unsäglichem Nonsens und Falschmeldungen reichen.
- Damit ist bereits ein zweites Argument angesprochen, das gegen die These der allgemein zugänglichen Wissens- 50 basis spricht: In Computernetzen steckt im Prinzip kein Wissen, sondern man findet dort allenfalls Informationen, die von einem bereits wissenden Menschen immer erst gesucht, gefunden, selektiert und bewertet werden müssen, damit aus den Informationen überhaupt erst Wissen 55 werden kann. Dieser Vorgang der Generierung von Wissen aus vorhandenen Informationen ist hoch komplex und setzt vom Einzelnen Wissen, Können und Erfahrungen voraus, die nicht jeder unmittelbar mitbringt, der sich in das Internet einklickt. Damit verkleinert sich bereits der 60 Kreis derjenigen, die in den Genuss der weltweiten Informationspools kommen.

Gabi Reinmann-Rothmeier, Bildung mit digitalen Medien. Möglichkeiten und Grenzen für Lehren und Lernen, in: Wolfgang Schindler, Roland Bader und Bernhard Eckmann (Hrsg.), Bildung in virtuellen Welten. Praxis und Theorie außerschulischer Bildung mit Internet und Computer, Frankfurt am Main 2001, S. 275-303, hier S. 276-279

1. *Fassen Sie in eigenen Worten den Wandel von der Informations- zur Wissensgesellschaft zusammen.*

2. *Nennen Sie die Auswirkungen der Digitalisierung auf die Wissensgesellschaft und die Probleme des Internets.*

3. *Erläutern Sie, inwiefern die von Reinmann-Rothmeier skizzierten Probleme des Internets auch heute noch zutreffen und welche Maßnahmen nötig wären, diese Probleme zu lösen.*

4. *Überprüfen Sie anhand konkreter Beispiele, inwieweit Reinmann-Rothmeiers Ausführungen für die digitale Geschichtskultur relevant sein können.*

M3 „Vom Mythos der Digital Natives“

Der Pädagoge Rolf Schulmeister erörtert die Erwartungen an eine neue Generation, die von klein auf mit den digitalen Medien aufwächst, und diskutiert sie im Hinblick auf Studienergebnisse bezüglich tatsächlicher Internetnutzung und Medienkompetenzen:

Der Mythos einer medien-omnipotenten „Net Generation“
Es kursieren viele Namen für die nach 1980 Geborenen. [... Am] bekanntesten ist die Wortschöpfung [...] Digital Natives [...]. Seither kursiert die Behauptung, die nach 1980 Geborenen seien Digital Natives, weil sie mit den neuen Medien auf- 5 gewachsen seien und sich durch besondere Eigenschaften auszeichnen: visuelle Orientierung, Multitasking, aktives Lernen, tolerant gegenüber Minderheiten, teamorientiert,

▶ **Smartphones als Religions-**
ersatz?
Karikatur des griechischstäm-
migen Zeichners Kostas Koufo-
giorgos vom April 2017.
Die im April 2017 veröffent-
lichte Jugendstudie „Genera-
tion What" kam zu dem
Schluss, dass junge Europäer
keine Religion brauchen. 85
Prozent der befragten jungen
Menschen zwischen 18 und 34
Jahren aus zehn europäischen
Staaten gaben an, dass sie
ohne Glauben an Gott glück-
lich sein können.

■ *Beurteilen Sie die Aussage,*
die der Karikaturist mit sei-
ner Zeichnung über junge
Europäer macht. Stimmen
Sie dieser zu?

induktive[1] Lernende, rasches Wechseln der Aufmerksamkeit
10 und kurze Antwortzeiten. [... Sie] sollen native speaker der
digitalen Sprache sein und sogar über ein anderes Hirn verfügen, ausgelöst durch die „Singularität" (digitaler Urknall) der
neuen Medien, und zwischen altem verbrauchten (legacy)
und neuem digitalen (future) Wissen unterscheiden. [...]
15 Verhalten sich nach 1980 Geborene so, wie es den Digital
Natives unterstellt wird? Es scheint – oberflächlich betrachtet – einiges für die These zu sprechen: So berichtet die Kaiser
Family Foundation (2010) über einen enormen Anstieg der
Mediennutzung bei Kindern zwischen acht und 18 Jahren:
20 Die Jugendlichen in den USA verbringen 7,38 Stunden täglich
mit Medien und noch mehr (10,45), wenn man den Anteil
zeitgleich aktiver Medien zählt. Auch die ARD/ZDF-Online-
Studien oder die Studien des Medienpädagogischen Forschungsverbundes Südwest (mpfs) registrieren seit zehn
25 Jahren einen Anstieg der Nutzung digitaler Medien, die mit
dem Fernsehkonsum gleichziehen. Die Millionen Menschen,
die sich in facebook tummeln, scheinen eine ähnliche Aussage zu unterstützen. Es ist deshalb notwendig, hinter die
Oberfläche der großen Zahlen zu schauen:
30 Erstens verzeichnen Studien, die Mediennutzung gemeinsam mit anderen Freizeitaktivitäten erheben, einen hohen
Rang für nichtmediale Aktivitäten wie Unternehmungen mit
Freunden und Eltern und draußen spielen. In der Tat sind es
nicht die Medien, sondern die Peers[2] und die Familie, die für

die Jugendlichen wichtig sind. Die Freizeitaktivitäten umfas- 35
sen weit mehr als Fernsehen, Gaming und Internet: Sport,
Musizieren, Tiere, Verein, Kirche.
Zweitens rangiert bei der Mediennutzung das Fernsehen oft
vor den anderen Medien. So beträgt Fernsehen in der Kaiser
Family Studie 4,29 Stunden, die Computernutzung 1,29 Stun- 40
den pro Tag und im Ensemble der Medienaktivitäten macht
mp3 dem Computer den Rang streitig (2,39 Stunden).
Drittens ist es notwendig, die Computer- und Internet-Nut-
zung nach Funktionen zu differenzieren. Unterscheidet man
die Aktivitäten nach Funktionen, so ergibt sich eine klare 45
Dominanz für alles, was Kommunikation ermöglicht: E-Mail,
Instant Messaging und die Mitteilungen in den Social Communities: „Nahezu die Hälfte der täglichen Verweildauer im
Netz entfällt auf Kommunikation [...]. Bei den Teenagern
nimmt der Austausch über die diversen Kanäle 58 Prozent 50
der Nutzungszeit ein". Kommunikation ist für Heranwach-
sende ganz wichtig, die SMS ersetzt heute das Festnetz-
telefon. [...]
Wer erwartet hatte, dass das Web 2.0 einen qualitativen
Sprung in der Nutzerpartizipation bedeuten würde, sah sich 55
zunächst durch die steigenden Nutzerzahlen für Wikipedia
und Weblogs bestätigt. Aber bereits im Jahr 2010 ermittelt
die ARD/ZDF-Onlinestudie, dass die passive Web-2.0-Nut-
zung zwar noch steigt, die Zuwachsrate aber schon sinkt und
die aktive Nutzung von Web 2.0 bereits um 50 Prozent ge- 60
schrumpft ist. Wikis und Weblogs werden überwiegend rezeptiv genutzt, nur von wenigen produktiv. Das Interesse an
Fotocommunitys, Bookmarking, Weblogs und Twitter sinkt:
„Es festigt sich das Bild einer Zwei-Klassen-Gesellschaft der

---

[1] **induktiv**: vom Besonderen auf das Allgemeine schließend
[2] **Peers**: Personen mit gemeinsamen Interessen, gleichem Alter
oder (sozialem) Status

65 Mitmachanwendungen." [...] Von allen Medien erweist sich das Handy als Sieger. Auch dies bestätigt, dass die Kommunikation mit den Peers der wichtige Sozialisationsfaktor der Jugend ist. Twitter spielt dabei keine Rolle (5 Prozent). [...] Betrachtet man diese Erkenntnisse unter dem Blickwinkel
70 der Sozialisation, dann wird deutlich, dass die Jugendlichen aus dem Medienensemble das selektieren, was ihren jugendlichen Bedürfnissen entspricht. Die Kommunikation mit den Peers dominiert ihr Leben, die Unterhaltung ihre Freizeit. Inhalte spielen eine geringere Rolle.

75 ### Medienkompetenzen der Jugendlichen: Sind sie „digitale" Lernende?

Mit Medienomnipotenz, die den Digital Natives unterstellt wird, hat all das nichts zu tun. Analysen der digital literacy[3] haben gezeigt, dass bei den Studierenden keine Fähigkeiten
80 entstanden sind, wie Schule und Hochschule sie erwarten müssen. Solche Fähigkeiten entstehen nicht einfach beiläufig durch Surfen. Es erfolgt kein Transfer von der Freizeitbeschäftigung mit Medien auf das Lernen, wie auch andere Studien belegen.
85 Verstehen im Sinne der digital literacy meint, Information und Kommunikation in Medien kulturell zu interpretieren und kritisch zu bewerten mit dem Ziel der Teilhabe an gesellschaftlichen Prozessen und den medial vermittelten sozialen und politischen Handlungen in verschiedenen Kontexten. Da
90 in den digitalen Medien in besonderer Weise Informationsmanipulation, Datenmissbrauch, virales Marketing[4] und Profiling auf Basis individueller Datenspuren, aber auch aufregende emotionale Erlebnisse und soziale Gewalt vorkommen, sind neben der Leidenschaft für das Neue auch aktives Enga-
95 gement und evaluative[5] Vernunft gefordert. Bei der aktiven Partizipation und der kreativen Inhaltsgenerierung stellen wir jedoch die größten Defizite fest.

Nicht übersehen werden dürfen auch die psychischen Aspekte: Viele Nutzer/-innen verlieren sich in der Fülle der In-
100 formationen und Angebote, der Permanenz der Kommunikationsprozesse und der Attraktion vieler Kontakte. Angesichts der Verführbarkeit vieler Nutzer/-innen gehört zur Medienkompetenz nicht nur [...], das Medium beherrschen zu können, sondern auch, sich nicht vom Medium beherrschen zu
105 lassen und über Selbstkontrolle zu verfügen.

Die Mediennutzung in Lernkontexten

Was sich in Studien zur digital literacy gezeigt hat, trifft generell auf den Umgang mit Medien in Schule, Hochschule und Weiterbildung zu. Studien zur Mediennutzung von Studierenden bestätigen, dass nur eine Minderheit über eine
110 ausgeprägte Medienkompetenz verfügt und Interesse an mehr Medieneinsatz hat. [...] Gefragt wurde nach der Nutzung des Internets. Es stellte sich heraus, dass die Studierenden täglich kommunizieren, eher wöchentlich recherchieren, während sie eher monatlich oder seltener einkaufen. Diese
115 Rangfolge verrät eine recht pragmatische Nutzung von Internet-Diensten. [...]

Die Annahme, alle könnten, wenn sie nur wollten, alle wollten, wenn sie nur wüssten, scheint nicht zu stimmen. Die von manchen E-Learning-Enthusiasten gehegte Erwartung, dass
120 alle mitmachen werden, kann nur enttäuscht werden. Die Gruppe proaktiver Nutzer/-innen wird einen minimalen Anteil nicht übersteigen, weil die zur Partizipation erforderliche Selbstorganisation nicht jedem jederzeit möglich ist. Studien auf Basis der Selbstbestimmungstheorie der Motivation er-
125 mitteln immer nur wenige Lernende, die in dem jeweiligen Kontext über eine selbstbestimmte Lernmotivation verfügen. Es ist daher nicht zu erwarten, dass alle Menschen, die eine Innovation rezeptiv nutzen, sie auch aktiv nutzen werden. Aktiv produzierende Internet-Nutzer/-innen werden stets
130 eine Minderheit bleiben.

Rolf Schulmeister, Vom Mythos der Digital Natives und der Next Generation, in: Berufsbildung in Wissenschaft und Praxis, herausgegeben vom Bundesinstitut für Berufsbildung, Heft 3/2012, S. 46 f. (Einzelnachweise wurden entfernt)

1. *Fassen Sie die wesentlichen Ergebnisse der Studien, die Schulmeister vorstellt, zusammen.*
2. *Geben Sie die Schlussfolgerungen wieder, die Schulmeister daraus zieht.*
3. *Schulmeister diskutiert über die Nutzung digitaler Medien Ihrer Generation. Vergleichen Sie seine Beobachtungen mit Ihrem eigenen Nutzungsverhalten und dem Ihrer Peergroup.*
4. *Diskutieren Sie, welche Möglichkeiten die Digitalisierung für das Lernen im Allgemeinen und das historische Lernen im Besonderen bietet. Entwickeln Sie Ideen, wie dieses Potenzial im Geschichtsunterricht stärker ausgeschöpft werden könnte.*

---

[3] Über den Begriff „digital literacy" informiert der Verfassertext auf Seite 61.

[4] **virales Marketing**: eine spezielle Marketingform, die soziale Netzwerke und Medien (z.B. Videos) verwendet, um auf Marken und Produkte aufmerksam zu machen

[5] **evaluativ**: wertend, bewertend

M4 Umgang mit digitalen Medien aus geschichtsdidaktischer Sicht

Daniel Bernsen und Ulf Kerber (siehe auch M1) schreiben im Jahre 2017:

Medien sind für Geschichtswissenschaft und -didaktik Objektivationen[1] von Vergangenheit (Quellen) und Geschichte (Darstellungen). Fiktionen sind hierunter zu subsumieren, da Quellen wie Darstellungen zu einem unterschiedlichen Grad
5 fiktional sein können. Diesen Grad der Authentizität und Faktualität zu bestimmen oder sie als reine Fiktion festzulegen, ist Teil der Quellenanalyse bzw. der Medienanalyse [...]. Diese generelle geschichtswissenschaftliche und geschichtsdidaktische Vorgehensweise umfasst auch ihre Historizität
10 und Medialität, die feststellt, unter welchen medialen Bedingungen oder durch welche Organisationen und Institutionen die Medienproduktion beeinflusst wurde. [...] Die Analyse von geschichtsdidaktisch relevanten Medien muss daher auch Organisationen und Institutionen einbeziehen, da diese als
15 Akteure bei der Produktion und Rezeption von Medien von großer Bedeutung sind, und greift dadurch Ansätze der publizistischen und pädagogischen Medienkritik auf und überführt diese in die Lebenswelt der Lernenden. Die Fähigkeiten und Fertigkeiten, die historisch Lernenden bei der medien-
20 kritischen Auseinandersetzung mit historisch-medialen Inhalten erlernen können, reichen weit über den Geschichtsunterricht hinaus. Die Auseinandersetzung mit geschichtskulturellen Medien, wie z.B. Geschichtsdokumentationen oder die Inszenierungsstrategien in historischen Museen,
25 kann Blaupausen für die medienpädagogische Analyse und die Kritik an anderen medialen Formen (z.B. politischen Reportagen und Nachrichten) darstellen. [...] [Es geht aber] nicht nur darum, medienkritisch urteilen zu können, sondern auch darum, eigene mediale, geschichtskulturelle Produkte
30 erstellen zu können. Moderne Medien und die Technologien des Web 2.0, die sich heute u.a. in sogenannten Sozialen Medien (z.B. Twitter oder Blogs) manifestieren, tragen dazu bei, dass es heute einfacher als früher ist, eigene Produkte zu veröffentlichen und ein eigenes Publikum zu erreichen. Die
35 produktive Nutzung moderner Kommunikationsmedien leistet einen Beitrag zum „emanzipatorischen Mediengebrauch" [...]. Da eine nicht manipulierte Medienproduktion unmöglich ist, sind Medien und ihre Inhalte immer zu dekonstruieren. Nur so kann der Nutzer die Konstitution, den Kontext
40 und die Bedingung der Produktion medialer Inhalte oder des Mediums selbst erkennen.

Im emanzipatorischen Sinne einer kommunikativ-kritischen Geschichtsdidaktik kann der kritisch-analytische Umgang mit geschichtsdidaktisch relevanten Medien einen Beitrag zur kommunikativen Überwindung der asymmetrischen, ge-
45 sellschaftlichen Kommunikationsverhältnisse leisten und bildet dadurch einen elementaren Bestandteil eines neuen geschichtsdidaktischen Medienbegriffs. Er verbindet dieses geschichtsdidaktische Ziel mit den medienpädagogischen Zielen, z.B. [...] der Befähigung zur gesellschaftlichen Partizi-
50 pation.

Daniel Bernsen und Ulf Kerber, Medientheoretische Überlegungen für die Geschichtsdidaktik, in: Dies. (Hrsg.), a.a.O., S. 22-36, hier S. 34-36

1 *Erklären Sie, was Bernsen und Kerber unter „Medien" verstehen.*

2 *Arbeiten Sie heraus, welchen „Umgang" mit Medien die Autoren aus geschichtsdidaktischer Sicht fordern.*

3 *Erörtern Sie, was die Autoren mit „der Überwindung der asymmetrischen, gesellschaftlichen Kommunikationsverhältnisse" (Zeile 45 f.) meinen.*

4 *Diskutieren Sie, wie diese Überwindung mithilfe digitaler Medien bezogen auf Geschichtskultur konkret aussehen könnte.*

---

[1] **Objektivation:** Vergegenständlichung

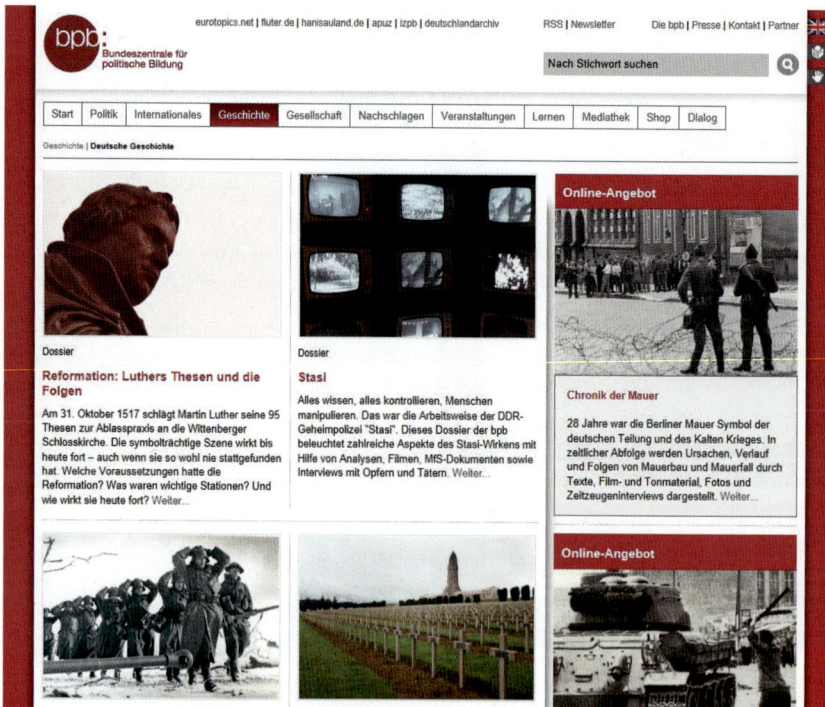

Internettipp
Eine große Sammlung von Fachportalen und weiterer Online-Ressourcen befindet sich auf der Internetseite der Universitätsbibliothek Freiburg. Siehe hierzu den Code 7318-15.

◀ **Bundeszentrale für politische Bildung.**
Nach: www.bpb.de/geschichte/deutsche-geschichte (Zugriff: 12. Mai 2017)
Auf dem Screenshot ist ein Ausschnitt des Menüpunktes „Geschichte/Deutsche Geschichte" zu sehen.

M5 Fachportale für die Öffentlichkeit

Fachportale richteten sich lange Zeit an ausgewiesene Experten. Und auch heute noch sind viele Angebote für den geschichtswissenschaftlichen Bereich vorgesehen. Daneben haben sich aber auch Angebote etabliert, die sich an eine breitere Öffentlichkeit wenden und einen hohen fachlichen Standard anstreben. Sie stellen Sachinformationen durch überblickartige Einführungen und spezielle Fachaufsätze zur Verfügung, ebenso wie eine Fülle weiterer Materialien, wie digitalisierte Quellen oder audio-visuelle Darstellungen. Darüber hinaus bemühen sie sich, die Bedeutung der Themen für die Gegenwart und Zukunft herauszustellen und das Angebot an die lebensweltlichen Bedürfnisse der Zielgruppe anzupassen bzw. anschlussfähig zu machen.

Fachportale sollten ein Nachvollziehen der historischen Methode[1] ermöglichen. Hierfür ist es wichtig, zwischen Sachinformation und Deutung zu unterscheiden, sowie Multiperspektivität und Kontroversität zu berücksichtigen. Darüber hinaus sollten sie einen Zugang zu Quellen so ermöglichen, dass sie als Teil der eigenen Geschichtsdeutung kritisch genutzt werden können.

Das Geschichtsportal der Bundeszentrale für politische Bildung (bpb) bietet zur jüngeren deutschen Geschichte das wohl umfangreichste Angebot dieser Art. Über den Code 7318-16 gelangen Sie auf die Seiten der bpb.

---

[1] Siehe hierzu M1 auf Seite 13 im Theorie-Baustein.

1. *Verschaffen Sie sich auf der Internetseite der bpb im Menüpunkt „Geschichte" einen Überblick darüber, welche Themen zur Verfügung stehen. Geben Sie den geografischen und zeitlichen Schwerpunkt des Angebotes wieder.*

2. *Wählen Sie einen Schwerpunkt nach Interesse aus, z. B. Reformation. Beschreiben Sie anschließend Aufbau und Inhalt der Themeneinstiegsseite. Nennen Sie die Bereiche, die Ihnen bekannt sind. Falls Sie Lücken erkennen können, zählen Sie auf, welche Aspekte fehlen.*

3. *Suchen Sie sich einen Unterpunkt der Themeneinstiegsseite aus und setzen Sie sich vertieft mit diesem auseinander, indem Sie die weiteren Informationen des Angebotes sichten und auswerten.*

4. *Beurteilen Sie das Angebot unter Berücksichtigung der oben im Verfassertext angeführten Anforderungen an Fachportale.*

5. *Erörtern Sie, inwieweit das Angebot den Anforderungen an modernes, digitales Lernen gerecht wird. Zeigen Sie Schwachpunkte auf und entwickeln Sie Ideen zur Verbesserung.*

6. *Vergleichen Sie das Angebot der bpb mit dem Lebendigen Museum Online (siehe M6). Wählen Sie dafür ein identisches Geschichtsthema aus. Diskutieren Sie, welches Angebot Ihrer Ansicht nach das „bessere" ist. Hinweis: Zu beachten ist, dass das Lebendige Museum Online erst mit dem Vormärz 1815 seine Darstellung beginnt.*

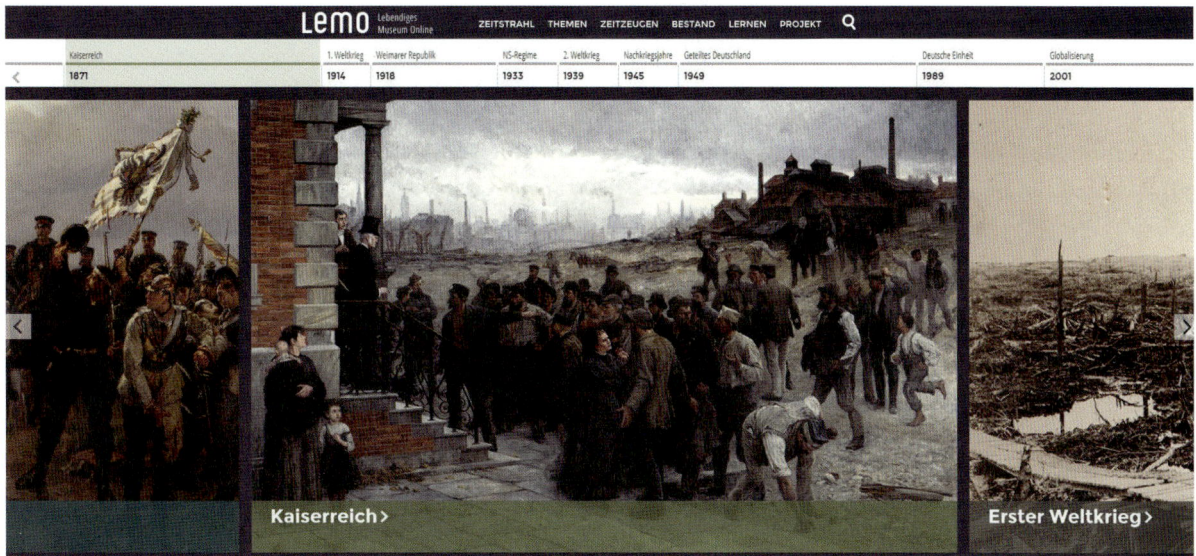

▲ **Lebendiges Museum Online.**
Nach: www.dhm.de/lemo (Zugriff: 12. Mai 2017)
Der Screenshot zeigt die Startseite von LeMO mit einem Zeitstrahl.

M6 Museen im digitalen Zeitalter

Das Lebendige Museum Online (LeMO) ist ein Kooperationsprojekt der Stiftung Deutsches Historisches Museum, der Stiftung Haus der Geschichte der Bundesrepublik Deutschland und des Bundesarchivs. Es bietet einen multimedialen Überblick über die jüngere deutsche Geschichte. Das Deutsche Historische Museum erarbeitet die Inhalte vor 1945, das Haus der Geschichte ist für die Darstellung nach dem Ende des Zweiten Weltkrieges bis zur Gegenwart verantwortlich. Das Bundesarchiv liefert Dokumente, Bilder und Medien.

Als Online-Museum mit Bildungsanspruch stellt LeMO zusammenfassende Fachinformationen zur Verfügung, rückt die Quellen (Exponate) aber stärker in den Vordergrund. Es soll einen Museumsbesuch nicht ersetzen, es aber Interessierten einfach machen, sich mit deutscher Geschichte „von zuhause aus" auseinanderzusetzen. Als anspruchsvolles Bildungsangebot sollte es den Anforderungen entsprechen, wie sie auch an Fachportale gestellt werden (siehe M5), auch wenn es anschaulich und lebendig Geschichte darstellen möchte. Hierfür sind technische Aspekte wichtig: Interaktivität, Multimedialität, Hypertext und ein dynamisches Layout.

Zum Online-Auftritt von LeMO siehe den Code 7318-17.

1. *Verschaffen Sie sich durch die Zeitleiste auf der Startseite von LeMO einen Überblick darüber, welche Themen behandelt werden. Geben Sie den geografischen und zeitlichen Schwerpunkt des Angebotes wieder.*

2. *Wählen Sie einen Themenschwerpunkt aus, der Sie interessiert. Beschreiben Sie anschließend Aufbau und Inhalt der Themeneinstiegsseite. Nennen Sie die Bereiche, die Sie schon kennen. Falls Sie Lücken erkennen können, zählen Sie auf, welche Aspekte fehlen.*

3. *Beurteilen Sie das Angebot von LeMO unter Berücksichtigung der oben angeführten Anforderungen an Fachportale bzw. Online-Bildungsangebote (siehe dazu die Einführungen zu M5 und M6).*

4. *Erörtern Sie, inwieweit das LeMO-Angebot den Anforderungen an modernes, digitales historisches Lernen gerecht wird. Zeigen Sie Schwachpunkte auf und entwickeln Sie Ideen zur Verbesserung.*

5. *Angesichts der rasanten technologischen Entwicklung wird auch LeMO in seiner jetzigen Form schon in absehbarer Zukunft veralten sein. Entwerfen Sie ein Konzept für zukünftige virtuelle Museen und stellen Sie es in der Klasse vor.*

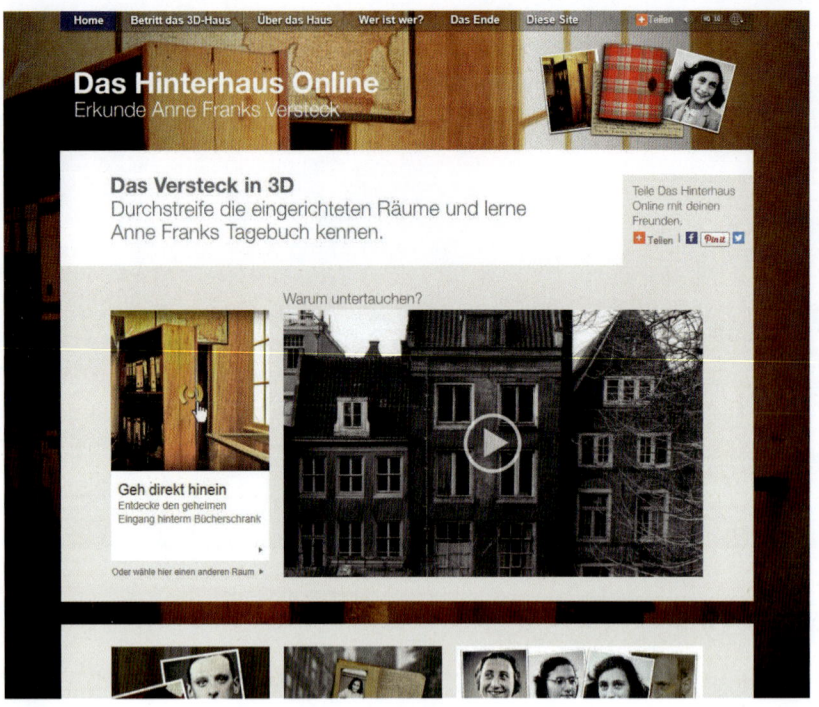

◀ **Das Hinterhaus Online.**
Nach: www.annefrank.org/de/Subsites/Home
(Zugriff: 12. Mai 2017)
*Der Screenshot zeigt eine deutschspra-
chige Unterwebseite der Homepage des
Anne-Frank-Museums in Amsterdam. Im
Fokus steht das interaktive und multime-
diale Webprojekt „Das Hinterhaus On-
line", das für den Internetnutzer das Ver-
steck von Anne Frank „begehbar" macht.*

M7 Ein virtueller Rundgang: das Anne Frank Haus

*Städte, Landschaften und Gebäude verändern sich im Lauf der
Zeit. Städte wachsen, Landschaften werden erschlossen und
Gebäude werden zerstört oder heute anders genutzt als zu ihrer
Entstehungszeit. Vor allem archäologischen Funden, in jüngerer
Zeit auch Fotografien, ist es zu verdanken, dass wir heute in
diesem Bereich über gute Kenntnisse verfügen. Im Zuge der
Digitalisierung können zudem die früheren Zustände simuliert
und Gebäude per Computer virtuell begangen werden.*

*Das Angebot hierzu ist vielfältig und sehr unterschiedlich: Die
Rekonstruktion des antiken Rom, die auch das Alltagsleben simulieren soll, ist noch in der Projektphase (Code 7318-18). PC-
Geschichtsspiele wie die „Assassin's Creed"-Reihe (Frankreich,
seit 2007), die in verschiedenen Epochen spielt, sind hier schon
deutlich weiter entwickelt, wenngleich mit geringerem wissenschaftlichen Anspruch. Die Gedenkstätte Auschwitz lässt sich
zwar virtuell begehen, allerdings handelt es sich hier um wenig
mehr als eine Panorama-Standbild-Präsentation der Außenan-
sichten in ihrem heutigen Zustand (Code 7318-19).*

*Ein umfassenderes Angebot bietet dagegen das virtuell begeh-
bare Hinterhaus, in dem sich Anne Frank und ihre Familie in
Amsterdam vor der nationalsozialistischen Verfolgung ver-
steckten (Code 7318-20). Das „echte" Museum wird stark nach-
gefragt, mehr als eine Million Menschen besuchen es jährlich.*

1. *Informieren Sie sich mithilfe des knapp dreiminütigen
   Videoclips und der Materialien auf der Startseite von
   „Das Hinterhaus Online" über die Hintergründe des
   Anne Frank Hauses. Fassen Sie die wichtigsten Aspekte
   in eigenen Worten zusammen.*

2. *Begeben Sie sich auf einen virtuellen Rundgang durch
   das Hinterhaus. Klicken Sie dazu auf der Startseite die
   Überschrift „Geh direkt hinein" an. Beschreiben Sie Ihre
   Eindrücke.*

3. *Analysieren Sie das Internetangebot. Berücksichtigen Sie
   dabei technische (z. B. Navigation), ästhetische (z. B. Aussehen, Wirkung), strukturelle (z. B. Umfang der Informationen, Zusammenhang der Erzählung) und geschichtliche (z. B. Multiperspektivität, Quellenorientierung)
   Aspekte.*

4. ✚ *Schreiben Sie auf der Grundlage Ihrer Ergebnisse aus der
   dritten Arbeitsfrage einen kurzen Kommentar für das
   Gästebuch des Anne Frank Hauses. Siehe hierzu auch
   den Code 7318-21.*

5. *Erörtern Sie Vor- und mögliche Nachteile des virtuellen
   Museums im Vergleich zum realen.*

6. *„Das Internetangebot ‚Das Hinterhaus Online' macht
   den Besuch des Anne Frank Museums überflüssig".
   Nehmen Sie Stellung zu dieser Aussage.*

ZEIT
ZEUGEN
PORTAL

ZEITRÄUME   THEMEN   **PERSONEN**

Q

HOME › PERSONEN

Wer als Zeitzeuge erzählt

Menschen machen und erzählen Geschichte. Sie gestalten ihre jeweilige Gegenwart und erleben sie. Ihr individuelles Selbstverständnis ist in der Regel eng verknüpft mit der persönlichen Biografie. Hinter jedem Zeitzeugen steckt ein Lebensweg – und ein individuelles Verhältnis zur Geschichte.

PERSONEN DER ZEITGESCHICHTE   ALLE ZEITZEUGEN

Max Adenauer   59:33
Aus dem Schatten des Vaters

1998

Ida Ehre   69:24
Erhobenen Hauptes

1985

Hans-Dietrich Genscher   63:25
Jeder Tag ein Geschenk

1999

Manfred Gerlach   63:39
Mitverantwortlich

1993

▲ **Zeitzeugenportal.**
Nach: www.zeitzeugen-portal.de/personen (Zugriff: 11. Juli 2017)
Auf dem Screenshot ist ein Ausschnitt des Menüpunktes „Personen" zu sehen.

M8 Zeitzeugenportal

Zeitzeugen kommt in zeitgeschichtlichen Geschichtsdarstellungen eine wichtige Rolle zu. Während die Geschichtswissenschaft diese Quellengattung eher kritisch betrachtet, wird sie vor allem in Geschichtsdokumentationen weniger kritisch eingesetzt (siehe hierzu den Verfassertext auf Seite 31). Zeitzeugenportale haben sich die Aufgabe gestellt, ihre Berichte aufzuzeichnen und der Öffentlichkeit zur Verfügung zu stellen, um so einen anschaulichen und lebendigen Eindruck der Vergangenheit zu ermöglichen. Dabei lässt sich auch hier zunehmend ein kritischer Umgang mit ihnen feststellen.
Zeitzeugenberichte erhalten dann eine besondere Relevanz, wenn sie nicht einfach Anekdoten „von früher" erzählen, sondern wenn es um wichtige historische Zustände und Ereignisse geht. Vor allem auch dann, wenn diese Ereignisse noch in der Gegenwart von besonderer Bedeutung sind, wie z. B. die DDR. Die Internetseite „www.zeitzeugen-portal.de" (Code 7318-22) ermöglicht einen exemplarischen Einblick in Chancen und Grenzen der eigenen Auseinandersetzung mit Vergangenheit. Das Portal beinhaltet eine umfangreiche Sammlung von Videoclips, die Zeitzeugeninterviews zur deutschen Geschichte zeigen. Das Internetportal gehört seit Anfang 2017 zur Stiftung Haus der Geschichte der Bundesrepublik Deutschland und richtet sich an Geschichtsinteressierte, Schüler und Lehrer sowie Studenten und Wissenschaftler. Die Videoclips erschließen sich über die drei Kategorien „Zeiträume", „Themen" und „Personen".

Das „Zeitzeugenportal" bietet unter anderem eine Reihe von Videos zum Thema „Stasi-Haft" an. Siehe dazu den Code 7318-23.

1. Verschaffen Sie sich mittels der Kurzbeschreibungen zu den Videos und einer selektiven Sichtung einen Überblick über die dort abgebildeten Berichte und fassen Sie Ihre Ergebnisse zusammen.
2. Beurteilen Sie, in welcher Hinsicht das Angebot dem Thema gerecht wird. Berücksichtigen Sie dazu auch das Interview mit der ehemaligen inoffiziellen Stasi-Mitarbeiterin Monika Haeger aus der Kontraste-Sendung „Die Wahrheit muss raus" (siehe dazu M2 auf Seite 33).
3. Diskutieren Sie Chancen und Grenzen von Zeitzeugenportalen für die Öffentlichkeit vor diesem Hintergrund.

▲ **Interview mit Mario Röllig.**
Nach: www.zeitzeugen-portal.de/videos/CjzTuFq4Gco (Zugriff: 11. Juli 2017)
Der Screenshot zeigt einen Ausschnitt aus dem Videoclip „Kein Ende wie in ‚Das Leben der Anderen'".

Vertiefung: Setzen Sie sich mit dem rund achtminütigen Inter-view auseinander, in dem Mario Röllig (geb. 1967) sein zufälli-ges Zusammentreffen mit einem ehemaligen Stasi-Mitarbeiter nach der Wende schildert. Siehe dazu den Videoclip „Kein Ende wie in ‚Das Leben der Anderen'" auf dem „Zeitzeugenportal" (Code 7318-24).

1. Fassen Sie die wesentlichen Aussagen von Mario Röllig zusammen.
2. Charakterisieren Sie die Inszenierung der Zeitzeugen-aussage Rölligs (z. B. Kameraeinstellung, Gestaltung des Interview-Ortes).
3. Beurteilen Sie, welchen Quellenwert sein Bericht hat. Berücksichtigen Sie hierbei auch, dass die Berichte auf Portalen in längeren Auszügen zur Verfügung stehen als dies beispielsweise in Dokumentationen geschieht.

Im Internet recherchieren

Eine Online-Informationssuche beginnt meistens mit Suchmaschinen. Je unspezifischer die Suche, desto höher ist die Wahrscheinlichkeit, dass Artikel von Wikipedia weit oben in der Trefferliste ausgegeben werden. Diese Artikel müssen aber nicht den Suchkriterien am besten entsprechen.[1]

Anders als bei dem situativen Fragebedürfnis[2] ist für eine vertiefte Recherche der Rückgriff auf unterschiedliche Informationsangebote, eine Auseinandersetzung mit dem geschichtswissenschaftlichen Forschungsstand und möglichst auch zentralen Quellen notwendig. So lässt sich ein Sachbereich auf der Ebene der Sachanalye, des Sach- bzw. Werturteils erschließen. Für die Präsentation der Ergebnisse sollte eine triftige und quellenbezogene, mediale Narration erstellt werden, die – wenn man Urheberrechte beachtet – auch online kommunikativ geteilt werden kann. Darüber hinaus können bestehende Angebote um eigene Narrationen ergänzt und verbessert werden, z. B. wenn man an einem Wikipedia-Artikel mitschreibt. All dies wird durch das Internet gleichzeitig erleichtert und erschwert. Zum einen steht eine Fülle an Angeboten rasch und einfach zur Verfügung: Online-Lexika, Fachportale, virtuelle Ausstellungen und Museen sowie Archive und Dokumentensammlungen. Auf der anderen Seite ist es eine große Herausforderung, die für das Suchbedürfnis und die zeitlichen Möglichkeiten des Nutzers „passenden" Angebote zu filtern und kritisch auszuwerten.

Eine pauschale Checkliste, deren Erfüllung gewährleistet, dass es sich um ein wissenschaftsorientiertes, triftiges Angebot handelt, gibt es nicht. Hilfreich hierfür sind aber Fragen, die flexibel und auf das jeweilige Angebot zugeschnitten gestellt und beantwortet werden müssen. Im Grunde sind es ganz ähnliche Aspekte, die auch bei Quellen und Darstellungen untersucht werden sollten.

Formale Kennzeichen

- Um *welche* Internetseite handelt es sich?
- *Wer* ist für sie verantwortlich (Autor, Institution)?
- Welche *Intention / welchen Zweck* verfolgt sie (kommerziell oder wissenschaftlich-informierend)?
- *An wen* richtet sich die Internetseite (Kinder und Jugendliche, Fachpublikum)?
- Gibt es *Informationen über die Autoren* der Beiträge?
- Ist die Internetseite *übersichtlich und benutzerfreundlich* gestaltet?
- Wann wurde sie zuletzt *aktualisiert*?
- Gibt es *Verlinkungen* in dem Beitrag (interne oder externe Links)?
- Werden *Multimedia-Angebote* unterbreitet (z. B. Fotos, Video- / Audiodateien)?

Inhalt

- Welchen *Zeitraum*, welches *Ereignis* oder welche *Person* behandelt der Internetbeitrag?
- Ist die *Sprache* angemessen?
- Sind die Aussagen *sachlich korrekt*? Werden sie belegt? Wenn ja, womit (Quellenangaben, Sekundärliteratur)?
- Wird zwischen *Fakten und Deutungen* unterschieden?

Einordnung und Bewertung

- Wie *wirkt* das Angebot *auf mich*?
- Wie *hilfreich und zielführend* war das Angebot im Hinblick auf meine Fragestellung?
- Welche *Sinnbildungsangebote* werden gemacht?
- Wie wird der Internetbeitrag aufgenommen, *rezipiert*?
- *Wozu* kann ich den Beitrag nutzen?

Kompetenz:
Internetseiten kritisch prüfen und nach Informationen und Standpunkten zu historischen Themen auswerten

[1] Zur Trefferhierarchisierung siehe den Verfassertext „Informationsrecherche: Suchmaschinen" auf Seite 62 f.
[2] Siehe hierzu nochmals den Verfassertext „Unterschiedliche Informationsbedürfnisse" auf Seite 62.

Beispiel und Analyse

▲ **Logo der Online-Enzyklopädie Wikipedia.**
Foto (Ausschnitt) vom Mai 2014 auf der Internetkonferenz „re:publica" in Berlin.

Internettipp
Den Artikel „Reformation" auf Wikipedia können Sie unter dem Code 7318-25 abrufen.

Vorbemerkung ▬ Ausgangspunkt der Recherche ist ein allgemeines Interesse an der Reformation. Im Fokus steht die Auseinandersetzung mit der Online-Enzyklopädie Wikipedia, die beispielhaft anhand des Artikels „Reformation" (Einstiegsseite) erfolgt.

Formale Kennzeichen ▬ *Wikipedia allgemein –* Wikipedia ist ein non-profit, spendenfinanziertes Open-Source Angebot. Initiiert wurde es 2001 von einigen Internetunternehmern. Werbeeinblendungen oder andere kommerzielle Features finden sich daher nicht. Erklärtes Ziel ist die kostenlose Sammlung und Bereitstellung von „Wissen" von allen für alle.
Die Artikel entstehen durch kollaboratives Schreiben. Das heißt, jeder kann Artikel erstellen und bestehende mitgestalten. Das hat zur Folge, dass sich hier auch Informationen zu Bereichen finden, die in klassischen Lexika häufig nicht aufgegriffen werden, was vor allem den Freizeitbereich, Hobbys, aktuelle Ereignisse etc. betrifft.
Die Artikel werden von Moderatoren geprüft, wobei die Kriterien eher allgemein ausgerichtet sind, also Lesbarkeit, Länge der Texte, Filterung von politischem Extremismus, Beleidigungen etc. Autoren wie Prüfer müssen keine fachliche Qualifikation haben. Dennoch lassen sich Tendenzen feststellen, dass die Aufsätze wenigstens minimalen, wissenschaftlichen Anforderungen genügen sollten. Dies soll durch den Rückgriff auf Fachliteratur, häufig aus dem populär-wissenschaftlichen Bereich, und entsprechende Belege gewährleistet werden.
Die Artikel sind von unterschiedlicher Länge, Komplexität, Belegdichte und auch sprachlicher Güte. Längeren Aufsätzen ist ein knapper Einführungstext vorangestellt, der einen ersten Überblick ermöglichen soll. Verlinkungen innerhalb der Wikipedia sind als Hyperlinks im Text eingeflochten, Links zu externen Angeboten finden sich im Anmerkungsapparat.
Das Layout ist übersichtlich, längeren Aufsätzen wird ein Hypertextinhaltsverzeichnis beigefügt. Häufig sind Karten, Rekonstruktionszeichnungen, Fotos und Bildquellen integriert.

Inhalt ▬ *Wikipedia-Artikel „Reformation" –* Bei der Einstiegsseite handelt es sich um einen längeren Beitrag, der sich mit den Ursachen, dem Verlauf und den Folgen der Reformation in Deutschland und in ausgewählten europäischen Ländern beschäftigt. Auch auf die Reaktion der katholischen Kirche wird eingegangen.
Die Darstellung erscheint ausgewogen, jedoch – trotz der Länge des Beitrags – recht knapp. Die Verlinkungen führen teilweise zu anderen, längeren Beiträgen, aber auch zu Worterklärungen und Definitionen.
Der Einführungstext ermöglicht eine kurze ereignisgeschichtliche Orientierung, die Karte eine geografisch-thematische. Das Inhaltsverzeichnis gibt einen Überblick über die näher ausgeführten Aspekte.
Die zugrunde liegende Literatur berücksichtigt einschlägige und aktuelle Fachliteratur. Der Artikel verzichtet jedoch auf Einzelbelege, sodass die Darstellung nicht am Forschungsstand überprüft werden kann. Quellen werden gezeigt, aber nur illustrativ verwendet. Das Angebot erscheint ausgewogen, sprachlich angemessen und bemüht sich um eine knappe Zusammenfassung der wichtigsten Ereignisse und auch der zeitgenössischen Umstände. Damit bewegt es sich auf der Ebene von Sachanalyse und Sachurteil.
Luther kommt – ganz in der Tradition der deutschen Geschichtsschreibung – eine herausragende Bedeutung zu, aber auch andere wichtige Faktoren und Beteiligte werden genannt und ausführlich dargestellt, teilweise in verlinkten Artikeln. Die Darstellung Luthers ist triftig, seine heroische Verklärung nach dem Reichstag zu Worms wird hier nicht fortgeschrieben, im Gegenteil sogar ansatzweise kritisch reflektiert. Die kritische Auseinandersetzung wird in einem Artikel zu Luther selbst deutlicher herausgestellt. Im Hauptartikel Reformation finden sich schon Hinweise auf die Diskrepanz zwischen Luthers Selbstdarstellung und geschichtswissenschaftlichen Erkenntnissen. (Vgl. zum Beispiel das Unterkapitel „2.2.1 Reformatorischer

Durchbruch": „Der Zeitpunkt des reformatorischen Durchbruchs ist in der Forschung umstritten. Im Anschluss an eine Tischrede Luthers wurde die reformatorische Entdeckung oft als plötzliche Erkenntnis (‚Turmerlebnis') dargestellt. In der heutigen Forschung geht man eher von einem graduellen Erkenntnisprozess von 1514 bis 1518 aus.")

Eine tiefere Auseinandersetzung ist hier nicht nötig, weil die Einstiegsseite nur als Ausgangspunkt genutzt werden soll und die bisherige Untersuchung bereits Stärken und Schwächen aufgezeigt hat. Wollte man sich inhaltlich genauer mit diesem Artikel auseinandersetzen, müsste die verwendete Literatur kritisch geprüft werden, unter anderem durch die Online-Recherche nach Rezensionen und den Vergleich mit anderen Literaturlisten. Auch wäre ein inhaltlicher Vergleich, zum Beispiel mit dem Dossier der Bundeszentrale für politische Bildung zur Reformation nötig.

Einordnung und Bewertung ▬

Die größte Schwäche der Seite ist, dass Einzelbelege fehlen, kontroverse Forschungsmeinungen nicht abgebildet werden und die Werturteilsebene allenfalls versteckt berücksichtigt wird. Die Umstände und Voraussetzungen für den „Erfolg" der Reformation werden zwar beschrieben. Dass aber das Emanzipationsbestreben der deutschen Fürsten maßgeblich war, die erst den Schutz Luthers und die Durchsetzung der Konfessionalisierung ermöglichten, tritt nicht so klar hervor. Auch ist es als Angebot zu umfangreich, als dass es für den allgemein Interessierten einfach zu handhaben wäre, zumal wenn man den übermäßig eingebundenen Links folgen würde. Als Einstieg für Interessierte, die sich weder mit der Epoche selbst noch mit der Reformation im Besonderen schon auskennen, ist der Text sehr voraussetzungsreich. Das liegt auch daran, dass die Komplexität der Entwicklung abgebildet wird, aber auch an der Verwendung vieler Fachbegriffe. Es muss also ein Fokus gefunden werden.

Vertiefung ▬ *Darstellung Johann Tetzels bei Wikipedia* –

Ein wiederholt genanntes Motiv für die reformatorischen Bewegungen ist die Kritik am Ablasshandel, der im Artikel „Reformation" selbst nur knapp skizziert wird. Der Hyperlink zum „Ablassbrief" führt zu einem Artikel, der nur wenige Aspekte aufgreift. Zwei Dinge fallen dabei auf: Zum einen die besondere Bedeutung, die dem Dominikaner Johann Tetzel zugeschrieben wird, und ein „Zitat" Tetzels, das seine aggressive Werbestrategie belegen soll: „Wenn das Geld im Kasten klingt, die Seele aus dem Feuer springt."

Markante Äußerungen historisch bedeutsamer Persönlichkeiten sind häufig eine Erfindung der Nachwelt, um die Person zu erhöhen oder die Ereignisse zu dramatisieren. Die Vermutung liegt nahe, dass auch dieser Satz eine spätere Erfindung ist, um die Skrupellosigkeit des „Kirchenvertreters" Tetzels zu „beweisen", weil er dadurch die Ängste der Menschen ausnutzt.

Als zweites fällt auf, dass als Beleg des „Tetzel-Zitates" unter „Einzelnachweise" ein sehr alter fachwissenschaftlicher Titel genannt wird: „Karl Eduard Vehse: Die Weltgeschichte aus dem Standpunkte der Cultur und der nationalen Characteristik, Band 2, Walther, 1842, S. 56".

Derart alte Fachliteratur – es handelt sich um die Verschriftlichung einer Vortragsreihe –, rechtfertigt sich nur dann, wenn es seitdem keine neuen Erkenntnisse und Untersuchungen gegeben hat bzw. die Fachwissenschaft solche Werke nach wie vor für Standardwerke ansieht. Ein Experte hätte dieses Werk daher nicht zitiert, sondern die Quelle konkret benannt, aus der dieses Zitat entnommen ist. Wieso der Verfasser des Artikels diesen Literaturhinweis macht, erscheint rätselhaft, auch weil solch alte Bücher meist nicht mehr zugänglich sind.

Der Hyperlink zum Wikipedia-Artikel „Johann Tetzel" führt zu keinen neuen Erkenntnissen. Tetzel wird dort als ein besonders skrupelloser Geldeintreiber dargestellt. Auch hier stehen zwar ähnliche „Zitate" (vgl. Kapitel „2. Der Ablasshandel"), doch werden diese nicht belegt. Allerdings befindet sich im Kapitel „3. Tetzelkasten" wieder ein Querverweis auf die veraltete Publikation Vehses.

Internettipp
Das Dossier „Reformation: Luthers Thesen und die Folgen. Deutsche Geschichte im Zeichen der konfessionellen Polarisierung 1517 - 1648" der Bundeszentrale für politische Bildung finden Sie unter dem Code 7318-26. Zu dem Fachportal siehe auch M5 auf Seite 72.

Internettipp
Zu den Artikeln „Ablassbrief" und „Johann Tetzel" auf Wikipedia siehe den Code 7318-27. Einen Hinweis auf die „Diskussionsseite" zum Tetzel-Artikel finden Sie ebenso dort.

Internettipps

■ Die Tageszeitung „Märkische Allgemeine" berichtet über eine im Herbst 2017 in Jüterbog stattfindende Sonderausstellung, die sich um ein differenzierteres Bild zu Johann Tetzel bemüht.

■ Ein Interview mit Hartmut Kühne, dem Organisator der Tagung „Tetzel – Ablass – Fegefeuer" vom April 2017 in Jüterbog, stellt der Internetauftritt „Luther 2017. 500 Jahre Reformation" zur Verfügung.

■ Auf Welt-Online lässt sich außerdem ein Artikel über Johann Tetzel – wenn auch etwas reißerisch – finden. Zu den drei Internettipps siehe den Code 7318-28.

Auf der „Diskussionsseite" zum Tetzel-Artikel, lassen sich durchaus kritische Stimmen finden, die allerdings auf den Artikel kaum Einfluss hatten. Ein User gibt als Fundstelle des „Zitates" ein jüngeres Werk eines Historikers an, das allerdings online nicht zur Verfügung steht und daher hier nicht berücksichtigt wurde.

Als besonderer Ausdruck der Skrupellosigkeit Tetzels wird unter anderem im Wikipedia-Artikel auf den sogenannten Tetzelkasten verwiesen: Tetzel habe auf die Kisten, die zur Aufbewahrung der Einnahmen gedacht waren, vom Teufel gefolterte Menschen malen lassen (vgl. Kapitel „3. Tetzelkasten").

Eine Bildersuche (Schlagworte: Tetzelkasten, Bilder) führt zahlreiche archäologische Funde zutage. Auf keiner Kiste lässt sich jedoch eine solche Malerei erkennen. Recherchiert man – ebenfalls per Bildersuche – nach antiklerikaler Reformationspropaganda, wird ebenfalls eine Fülle an Abbildungen entdeckt, die solche Kisten zeigen. Auch auf ihnen finden sich derartige Darstellungen nicht. Es ist eine begründete Vermutung, dass sich die Propagandisten derartiges nicht hätten entgehen lassen, um die Kirche und den Ablasshandel anzuprangern.

Um ein differenziertes Bild über Johann Tetzel zu erlangen, ist es daher notwendig, zielgerichtete Recherchen durchzuführen. Eine erste Hilfe bieten die Internettipps in der Randspalte (siehe links). Sie liefern multiperspektivische Informationen, um sich ein eigenes Bild zu Tetzel und seiner Rolle während der Reformation und danach zu machen. Das mag Anlass geben, auch in Wikipedia das verzerrte Bild zu überdenken und den Artikel zu verbessern.

Ob auch Fachportale hinzugezogen werden oder die Online-Bestände von Museen und Archiven durchsucht werden müssen, hängt vom Ziel der Suche und dem Interesse des Suchenden ab. Fachportale und Museen bieten zu speziellen Fragen häufig nur wenige Informationen oder sind, wenn sie sich an Wissenschaftler richten, zu voraussetzungsreich, als dass ein interessierter Laie das Angebot sinnvoll nutzen könnte. Das aber ist abhängig vom Thema und vom eigenen Vorwissen.

Rätsel

1. Es ist Voraussetzung dafür, um reflektiert und konstruktiv mit eigenen und fremden Geschichtsbildern umzugehen (*1. und 2. Buchstabe*)

2. Filmsprachliches Mittel und Oberbegriff für z. B. „close-up" und „Halbtotale" (*4. Buchstabe*)

3. Filmische Erzählung, die sich auf historische Epochen, Ereignisse und Personen bezieht sowie Fakten mit Fiktionen vermischt (*4. und 5. Buchstabe*)

4. Regisseur des Films „Luther" von 2003 (Nachname) (*2. Buchstabe*)

5. Filmische Darstellung, die u. a. mit Zeitzeugenberichten, Originalfilmen, Experteninterviews und nachgespielten Szenen arbeitet (*7. bis 10. Buchstabe*)

6. Name eines großen Online-Nachschlagewerkes (*3. Buchstabe*)

7. Sie werden oft als „Quelle" in Geschichtsdokumentationen eingesetzt (*7. Buchstabe*)

8. Fähigkeit, die Informations-, Kommunikations- und Medienkompetenzen gleichermaßen erfordert (*7. und 13. Buchstabe*)

9. Sie werden von Filmproduzenten eingesetzt, um in einer filmischen Darstellung Wahrheitsanspruch und Realismus zu suggerieren (*2. und 14. Buchstabe*)

Lösungswort:

▢▢▢▢▢▢▢▢▢▢▢▢▢▢

Zur Auswertung des Rätsels siehe Code 7318-29.

Recherche und Präsentation

Geschichte im Film und in den Neuen Medien

1. ➕ *Erklären Sie in Form eines kurzen Online-Lexikoneintrages das Lösungswort des Rätsels.*

2. ➕ *a) Wählen Sie einen Geschichtsspielfilm aus und verfassen Sie dazu eine Filmkritik. Zur Vorbereitung können Sie sich dazu den Informationskasten „Eine Filmkritik erstellen" auf Seite 38 nochmals ansehen.*
oder
b) Suchen Sie sich ein Fachportal aus dem Internet aus, das sich historischen Themen widmet. Analysieren Sie Aufbau und Inhalt des Portals. Was ist besonders gut gelungen? Was ist noch verbesserungswürdig? Auf welche Art und Weise könnten Schwachstellen behoben werden? Tragen Sie Ihre Ergebnisse in einer Tabelle zusammen.

Geschichts- und Erinnerungskultur

▸ **Good Bye, Lenin!**
Filmplakat von 2003.
■ *Informieren Sie sich über den Inhalt des Films und seine Kritiken. Diskutieren Sie in der Klasse, ob er als Beitrag zur „Ostalgie" gelten kann oder sich davon distanziert.*

Fachliteratur finden und nachweisen

Recherchieren und Ausleihen in der Bibliothek

☑ Um sich für ein Referat einen Überblick über ein Thema zu verschaffen oder es einzugrenzen, eignen sich Lexika und Nachschlagewerke als erste Informationsquellen. Für die gründliche Erarbeitung eines Themas benötigen Sie Fachliteratur.

☑ Angaben zu Fachbüchern spezieller Themen finden sich im Literaturverzeichnis von Handbüchern und Überblicksdarstellungen, im Internet und im Katalog der Bibliothek.

☑ In der Bibliothek sind Bücher alphabetisch in einem Verfasser- und in einem Sachkatalog aufgelistet und über eine Signatur, eine Folge von Zahlen und Buchstaben, im Karteikarten- oder Computersystem der Bibliothek für ein leichtes Auffinden genau verzeichnet.

☑ Bücher, die nicht in der örtlichen Bibliothek vorrätig sind, können über die Fernleihe aus anderen Bibliotheken entliehen werden. Über die Online-Kataloge können Titel nach Schlagworten oder dem Namen des Autors gesucht und direkt an die Ausgabestelle der Bibliothek bestellt werden.

Literatur auswerten und belegen

☑ Finden Sie zu einem Thema mehr Bücher, als Sie auswerten können, müssen Sie eine Auswahl treffen. Prüfen Sie anhand des Inhaltsverzeichnisses, der Einführung und/oder der Zusammenfassung sowie des Registers, ob das Buch ergiebig sein könnte. Benutzen Sie im Zweifel das Neueste.

☑ Weisen Sie jedes Buch, das Sie für Ihr Referat benutzt haben, am Schluss des Textes nach. Notieren Sie sich daher bei der Vorarbeit die Titel der Bücher. Aussagen, die Sie wörtlich oder indirekt zitieren, belegen Sie zusätzlich mit Seitenangaben. So kann jeder Leser nachlesen und überprüfen, woher und von wem die Aussagen stammen.
Beispiel für eine korrekte Literaturangabe:

Buch

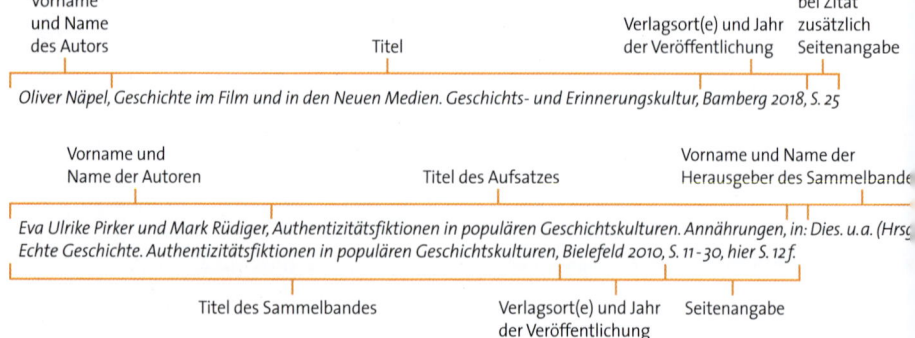

| Vorname und Name des Autors | | Titel | Verlagsort(e) und Jahr der Veröffentlichung | bei Zitat zusätzlich Seitenangabe |

Oliver Näpel, Geschichte im Film und in den Neuen Medien. Geschichts- und Erinnerungskultur, Bamberg 2018, S. 25

Aufsatz

| Vorname und Name der Autoren | Titel des Aufsatzes | Vorname und Name der Herausgeber des Sammelbandes |

Eva Ulrike Pirker und Mark Rüdiger, Authentizitätsfiktionen in populären Geschichtskulturen. Annäherungen, in: Dies. u.a. (Hrsg.), Echte Geschichte. Authentizitätsfiktionen in populären Geschichtskulturen, Bielefeld 2010, S. 11–30, hier S. 12f.

Titel des Sammelbandes   Verlagsort(e) und Jahr der Veröffentlichung   Seitenangabe

Quellenarbeit in Archiven

Vorbereitung und Recherche

☑ Für die Recherche zu regional- und lokalgeschichtlichen Themen bieten sich Archive an. Dort werden Urkunden, Pläne, Karten, Zeitungen, Briefe, Tagebücher, Fotos sowie Akten mit anderen Unterlagen von Behörden, Firmen, Vereinen und Privatleuten aufbewahrt.

☑ Vor der Arbeit im Archiv sollten Sie sich genau über das Thema informieren, die zu erarbeitenden Aspekte festlegen und Fragen formulieren.

☑ Inzwischen werden viele Archivstücke elektronisch erfasst und in Datenbanken archiviert. Auf den Internetseiten der Archive können Sie sich über den Bestand informieren, digital vorliegende Dokumente einsehen oder die Signatur der Akten heraussuchen.

Material erfassen, ordnen und auswerten

☑ Haben Sie geeignetes Material gefunden, notieren Sie sich die genaue Fundstelle. Eine Ausleihe ist nicht üblich. Erfassen Sie das Material sicherheitshalber vor Ort (handschriftlich, per Laptop oder Scanner).

☑ Nach der Rückkehr aus dem Archiv müssen Sie das gesammelte Material sichten und ordnen, bevor Sie es zu einer Darstellung verarbeiten können.

Im Internet recherchieren

☑ Zuverlässige Angaben bieten die Websites von Bibliotheken, Museen, Universitäten und Gedenkstätten.

☑ Wenn Sie über Suchmaschinen (z. B.: *www.google.de*; *www.bing.de*; *www.yahoo.de*) recherchieren, sollten Sie das Thema eng eingrenzen. Empfehlenswert ist die kombinierte Suche, indem Sie mehrere durch (+) oder (and) verbundene Schlagworte eines Themas in das Suchfeld eingeben (Beispiel: *Luther+Spielfilme*). Optimieren Sie die Recherche mit der „Erweiterten Suche".

☑ Mit der Eingabe „Linkliste + THEMA" (THEMA = Suchbegriff) finden Sie Internetseiten zu speziellen Themen.

☑ Einen Überblick über die Angebote eines speziellen Themenfeldes geben Cluster-Such- maschinen (z. B.: *www.allesklar.de*). Sie suchen übergeordnete Begriffe auf Websites als Schlagworte und bieten dafür Unterverzeichnisse an.

☑ Testen Sie die Zuverlässigkeit der Website sorgfältig nach folgenden Kriterien:
- Wer sind die Autoren, wer hat die Seite ins Netz gestellt (E-Mail-Adresse)?
- Wie aktuell sind die Informationen? Wann war das letzte Update?
- Gibt es Literatur- oder Quellennachweise?
- Finden sich direkte Verknüpfungen (Links) zu anderen Websites desselben Themas?

☑ Internetangebote lassen sich letztlich nur durch kritisches Vergleichen beurteilen. Kontrollieren Sie wichtige Aussagen mit Lexika und Fachbüchern.

☑ Websites müssen Sie wie Zitate aus Büchern nachweisen. Angegeben werden die Adressen, die am Ende einer ausgedruckten Seite stehen, sowie das Datum des letzten Seitenaufrufs. Beispiel für einen korrekten Internetnachweis: *www.nfp-md.de/schulmaterial/luther_Schulmaterial.pdf (Zugriff: 16. Mai 2018)*

Umgang mit Suchmaschinen

Kritischer Umgang mit Websites

Zitieren von Internetseiten

Experten befragen

☑ Recherchieren Sie geeignete Experten zu einem Thema über
- persönliche Kontakte oder
- Anfragen an bestimmte Institutionen (Universität, Museum, Archiv, Verein etc.).

☑ Sammeln Sie vorab Informationen über das Thema und den Befragten und legen Sie den genauen Gesprächsgegenstand fest. Führen Sie mit Ihrem Interviewpartner ein (telefonisches) Vorgespräch. Klären Sie Termin, Ort und Ablauf der Befragung.

☑ Formulieren Sie vorab Fragen. Offene, kurze Fragen eignen sich besser für ein Gespräch als geschlossene Fragen (Ja-Nein-Fragen), die schnell zu Suggestivfragen werden, die die Antwort des Befragten beeinflussen.

☑ Machen Sie sich während des Gespräches Notizen (handschriftlich oder per Laptop) und halten Sie es zusätzlich mit einem Aufnahmegerät fest.

☑ Lassen Sie dem Befragten Zeit zu antworten. Vertiefen Sie wichtige Aspekte durch Nachfragen.

☑ Welche Informationen haben Sie erhalten? Gibt es neue Erkenntnisse?

☑ Worüber wurde nicht gesprochen und warum? Bleiben Informationslücken und können diese auf andere Weise geschlossen werden?

☑ War der eingeladene Experte eventuell politisch, weltanschaulich oder religiös gebunden?

☑ Für eine schriftliche Dokumentation muss das Interview übertragen werden. In der Regel wird der Rohtext bearbeitet, um ihn gut verständlich zu präsentieren.

☑ Vor einer Veröffentlichung muss der Interviewpartner den Text einsehen und freigeben.

Kontaktaufnahme

Vorbereitung des Interviews

Befragung durchführen

Gespräch auswerten

Präsentation der Ergebnisse

Anforderungsbereich I (Reproduktion)

Er verlangt in erster Linie die geordnete Wiedergabe von Sachverhalten und die (eventuell chronologische) Auflistung von Kenntnissen ohne Kommentierung. Dabei wird die Anwendung eingeübter Arbeitstechniken, z. B. die Zusammenfassung von Quelleninhalten, sowie die Reduzierung auf wesentliche Aussagen erwartet.

beschreiben	strukturiert und fachsprachlich angemessen Materialien vorstellen und / oder Sachverhalte darlegen
gliedern	einen Raum, eine Zeit oder einen Sachverhalt nach selbst gewählten oder vorgegebenen Kriterien systematisierend ordnen
wiedergeben	Kenntnisse (Sachverhalte, Fachbegriffe, Daten, Fakten, Modelle) und / oder (Teil-)Aussagen mit eigenen Worten sprachlich distanziert, strukturiert und damit unkommentiert darstellen
zusammenfassen	Sachverhalte auf wesentliche Aspekte reduzieren und sprachlich distanziert strukturiert und unkommentiert → *wiedergeben*

Anforderungsbereich II (Reorganisation und Transfer)

Er fordert das eigenständige Erklären, Bearbeiten und Ordnen bekannter Inhalte und die Anwendung des Eingeübten auf andere Sachverhalte.

analysieren	Materialien, Sachverhalte oder Räume kriterienorientiert oder aspektgeleitet erschließen und strukturiert darstellen
charakterisieren	Sachverhalte in ihren Eigenarten → *beschreiben*, typische Merkmale kennzeichnen und diese dann gegebenenfalls unter einem oder mehreren bestimmten Gesichtspunkten zusammenführen
einordnen	begründet eine Position / ein Material zuordnen oder einen Sachverhalt begründet in einen Zusammenhang stellen
erklären	Sachverhalte so darstellen – gegebenenfalls mit Theorien und Modellen –, dass Bedingungen, Ursachen, Gesetzmäßigkeiten und / oder Funktionszusammenhänge verständlich werden
erläutern	Sachverhalte in ihren komplexen Beziehungen an Beispielen und / oder Theorien verdeutlichen (auf Grundlage von Kenntnissen bzw. Materialanalyse (→ *analysieren*))
herausarbeiten	Materialien auf bestimmte, explizit nicht unbedingt genannte Sachverhalte hin untersuchen und Zusammenhänge zwischen den Sachverhalten herstellen
in Beziehung setzen	Zusammenhänge zwischen Materialien / Sachverhalten aspektgeleitet und kriterienorientiert herstellen und → *erläutern*
nachweisen	Materialien auf Bekanntes hin untersuchen und belegen
vergleichen	Gemeinsamkeiten, Ähnlichkeiten und Unterschiede von Sachverhalten kriterienorientiert darlegen

Anforderungsbereich III (Reflexion und Problemlösung)

Er umfasst den kritischen und reflektierten Umgang mit neuen Problemstellungen, den eingesetzten Methoden und den gewonnenen Erkenntnissen. Ziel sind eigenständige Begründungen, Folgerungen, Deutungen und Wertungen.

beurteilen	den Stellenwert von Sachverhalten oder Prozessen in einem Zusammenhang → *überprüfen*, um kriterienorientiert zu einem begründeten Sachurteil zu gelangen
entwickeln	zu einem Sachverhalt oder zu einer Problemstellung eine Einschätzung, ein konkretes Lösungsmodell, eine Gegenposition oder ein Lösungskonzept inhaltlich weiterführend und / oder zukunftsorientiert darlegen
erörtern	zu einer vorgegebenen Problemstellung eine reflektierte, abwägende Auseinandersetzung führen und zu einem begründeten Sach- und / oder Werturteil kommen
interpretieren	Sinnzusammenhänge aus Quellen erschließen und eine begründete Stellungnahme abgeben, die auf einer Analyse (→ *analysieren*), Erläuterung (→ *erläutern*) und Bewertung beruht
Stellung nehmen	Beurteilung (→ *beurteilen*) mit zusätzlicher Reflexion individueller, sachbezogener und / oder politischer Wertmaßstäbe, die Pluralität gewährleisten und zu einem begründeten eigenen Werturteil führen
überprüfen	Inhalte, Sachverhalte, Vermutungen oder Hypothesen auf der Grundlage eigener Kenntnisse oder mithilfe zusätzlicher Materialien auf ihre sachliche Richtigkeit bzw. auf ihre innere Logik hin untersuchen

Übergreifende Aufgaben

Sie umfassen themen-, modul- oder semesterübergreifende Aufgaben auf der Grundlage der Anforderungsbereiche I bis III.

Weitere kompetenzorientierte Aufgaben

Sie vernetzen Materialien miteinander oder regen kreative Ergebnis- und Präsentations-formen an.

Klausuren	**Ziel** In Klausuren sollen Sie zeigen, dass Sie fachspezifisches Material anhand von Aufgaben angemessen bearbeiten können. Dabei sollen Sie ihr Wissen mit neuen Sachverhalten problembewusst verknüpfen und begründet Stellung nehmen.

Anforderung

Reproduktion	Im Anforderungsbereich I beschreiben Sie geordnet und gerafft historische Zustände oder Entwicklungen.
Reorganisation und Transfer	Im Anforderungsbereich II bearbeiten Sie Materialien problem- und methodenbewusst zu einem aus dem Unterricht bekannten Thema.
Reflexion und Problemlösung	Der Anforderungsbereich III verlangt gründliches Nachdenken und eine Lösung. Sie müssen auf Grundlage Ihrer Materialienanalyse ein Problem untersuchen und bewerten. Ihre Stellungnahme kann eine abwägende Diskussion gegensätzlicher Standpunkte erfordern. Abschließend müssen Sie dazu selbst Position beziehen.
Tipp	Die Frageoperatoren der Anforderungsbereiche I bis III finden Sie auf Seite 84 f. erklärt (Hinweise zur Bearbeitung der Aufgaben).

Vorgehen

Aufgaben erfassen	☑ Lesen Sie die Aufgaben sorgfältig durch; unterstreichen Sie den Operator. Versuchen Sie, den Auftrag genau zu erfassen. Machen Sie sich ihn bei Bedarf in eigenen Worten klar. Finden Sie Schlüsselbegriffe und klären Sie kurz ihre Bedeutung.
Operatoren beachten	☑ Erledigen Sie die Aufgaben streng anhand der Operatoren. Sie zeigen Ihnen, zu welchen Anforderungsbereichen Sie jeweils arbeiten sollen.
Kernaussagen ermitteln	☑ Lesen Sie den Text zunächst als Ganzes, um Thema und Hauptaussagen im Zusammenhang zu begreifen. Im zweiten Durchgang ermitteln Sie aufgabenbezogen die wesentlichen Aussagen. Unterstreichen Sie dabei Wörter statt Sätze; so fällt es Ihnen leichter, eigene Formulierungen zu finden und sich von der Vorlage zu lösen.
Aussagen strukturieren	☑ Stellen Sie zunächst den Autor und die Quelle (Entstehungszeit, historischer Kontext, Adressaten) vor, wiederholen Sie aber nicht die wissenschaftliche Fundstelle des Textes.
Text gliedern	☑ Gliedern Sie Ihren Text folgerichtig. Setzen Sie Schwerpunkte in Inhalt und Umfang Ihres Textes. Achten Sie bei Ihrem Zeit- und Arbeitsaufwand auf die Gewichtung der Aufgaben.
	☑ Geben Sie die Hauptgedanken eigenständig in indirekter Rede im Konjunktiv wieder.
Aussagen belegen	☑ Direkte Zitate empfehlen sich, wenn der Operator intensive Textarbeit verlangt und sie einen Kernaspekt in auffälligen Worten ausdrücken. Eine Erläuterung in eigenen Worten muss folgen.
	☑ Halten Sie die Reihenfolge der Aufgaben ein. Vermeiden Sie Überschneidungen.
Stil	☑ Schreiben Sie kurze, verständliche Hauptsätze oder Satzgefüge. Drücken Sie sich sachlich aus und benutzen Sie Fachbegriffe.
Letzte Kontrolle	☑ Planen Sie Zeit für die Durchsicht ein. Lesen Sie Ihre Klausur zunächst nur unter inhaltlichen Gesichtspunkten; erst in einem zweiten Durchgang achten Sie auf Rechtschreibung, Grammatik und Satzbau. Achten Sie auf die Zeitenfolge (Präsens mit Perfekt; Präteritum mit Plusquamperfekt). Nutzen Sie zulässige Wörterbücher.

Der Verfasser/die Verfasserin (kurze Vorstellung) beschäftigt sich (Zeit/Kontext) mit .../ untersucht/setzt sich mit der Frage auseinander/behandelt das Problem .../thematisiert ...
Beispiel: Der Historiker Klaus J. Bade setzt sich 2002 mit der historischen und aktuellen Bedeutung von Migration auseinander.

Einleitung

Der Autor/die Autorin (Name) hat den Brief/Aufsatz/etc. verfasst/die Rede gehalten, als ....
Die Quelle lässt sich vor dem Hintergrund von ... einordnen
Beispiel: Die Bürgerbewegung „Demokratie Jetzt" startet am 12. September 1989 einen Aufruf, der sich an alle Initiativgruppen und reformfreudigen Kräfte in der DDR richtet und auf aktuelle Probleme im Staat eingeht. Der Aufruf lässt sich vor dem Hintergrund der sich wirtschaftlich und politisch zuspitzenden Krise der DDR im Jahre 1989 einordnen.

Einordnung in den historischen Kontext

Er/sie behauptet/ist der Meinung, dass ...
Beispiel: Der amerikanische Politikwissenschaftler Samuel Phillips Huntington behauptet, dass die Konflikte in der Welt in der Zukunft zwischen verschiedenen Großkulturen verlaufen werden.

Textwiedergabe „Kernthese"

Der Verfasser/die Verfasserin begründet dies, indem er/sie .../belegt dies mit .../erklärt dies mit/hebt hervor/betont/kritisiert
Beispiel: Der Politikwissenschaftler Samuel Phillips Huntington betont, dass ein „weltweiter Kampf der Kulturen" nur zu vermeiden sei, wenn der Westen seine Kultur verteidigt und dieser nicht darauf hoffe, dass die anderen Kulturen sich ihm annähern werden.

Textwiedergabe „Argumentation"

Der Autor/die Autorin fasst seine/ihre Haltung/Sichtweise zusammen, indem er/sie .../ sagt abschließend .../kommt zu dem Schluss, dass ...
Beispiel: Eberhard Kolb, Professor für Geschichte, kommt zu dem Schluss, dass jeder Historiker durch die Gewichtung der verschiedenen Faktoren darüber entscheidet, wie er das Scheitern der Weimarer Republik interpretiert.

Zusammenfassung

Ebenso wie (ein anderer Autor/eine andere Autorin)/anders als (die Meinung/Argumentation/Position von) ...
Beispiel: Die Historiker František Graus und Peter Schuster nehmen unterschiedliche Standpunkte in Bezug auf die Krise des Spätmittelalters ein. Während Graus ... betont, hebt Schuster ... hervor.

Vergleich

Er/sie will darauf hinweisen/erreichen/verdeutlichen/appelliert/zielt auf ...
Beispiel: Der britische Mathematiker, Philosoph und Friedensforscher Bertrand Russell will mit seinem in der „Times" am 23. Oktober 1945 erscheinenden Leserbrief auf die Geschehnisse im Kontext der Vertreibung der deutschen Bevölkerung aufmerksam machen.

Absicht

Die Argumentation überzeugt (nicht)/ist widersprüchlich/schlüssig/(nicht) einleuchtend/ zutreffend, weil ... Ich stimme dem Autor/der Autorin zu/teile (nicht) die Haltung des Verfassers/der Verfasserin/schließe mich (nicht) der Argumentation an, weil ...
Beispiel: Die Thesen des amerikanischen Politologen Jack A. Goldstone über die Ursachen von Revolutionen überzeugen (nicht), weil ...

Stellungnahme

Aufgabenstellung

In einer Abiturklausur werden die Aufgaben zusätzlich zum **Pflicht-** und **Kernmodul** eines Semesters ein Thema eines weiteren Semesters (**Semesterübergriff**) ansprechen. Im Abitur erhalten Sie unterschiedliche Aufgaben für gA- und eA-Kurse (grundlegendes und erhöhtes Anforderungsniveau). Bitte beachten Sie, dass das Rahmenthema „Geschichts- und Erinnerungskultur" kein **Wahlmodul** – im Gegensatz zu den Rahmenthemen eins bis drei – vorsieht.

Pflichtmodul und Semesterübergriff

1. *Analysieren Sie a) das Historiengemälde des Malers Anton von Werner (M1) und b) die filmische Umsetzung der Anhörung Luthers vor dem Wormser Reichstag (M2).*
2. *Vergleichen Sie die beiden Darstellungsarten inhaltlich und stilistisch miteinander. Ordnen Sie die Darstellungen anschließend rezeptionsgeschichtlich ein (M1 und M2).*

Pflicht- und Kernmodul sowie Semesterübergriff

3. *Diskutieren Sie, unter Berücksichtigung der Begriffe „Triftigkeit" und „Authentizität", inwieweit die Filmfassung geschichtswissenschaftlichen Ansprüchen genügt und welche Zugeständnisse filmische Darstellungen machen müssen (M2).*
4. *Erörtern Sie die jeweilige Funktion und Intention der beiden Geschichtsangebote in der Geschichts- und Erinnerungskultur (M1 und M2).*

Kernmodul und Semesterübergriff

5. *Geben Sie die zeitgenössische katholische Perspektive (M3) zu Luthers Auftritt auf dem Wormser Reichstag in eigenen Worten wieder, beurteilen Sie sie vor dem zeitlichen Horizont (Sachurteil) und erörtern Sie die Darstellung anschließend aus heutiger Perspektive (Werturteil).*

Pflichtmodul und Semesterübergriff

6. *Schreiben Sie ausgehend von M3 ein Szenenprotokoll für einen Spielfilm aus katholischer Sicht. Begründen Sie anschließend Ihren Vorschlag und gehen Sie auf andere filmische Geschichtsangebote ein. Sie können hierfür auch weitere historische Beispiele heranziehen.*

Beispiel für die Anlage eines Szenenprotokolls:

Szene	Inhalt	Filmsprachliche Mittel/ Authentifzierungsstrategien
...	...	...

Materialien

M1 Luther in der Malerei

Das um 1877 entstandene Öl-gemälde „Luther vor dem Reichstag in Worms" (66 x 125 cm) stammt von dem Histori-enmaler Anton von Werner (1843 - 1915). Es handelt sich um die Replik eines Wandge-mäldes, das der Künstler im Auftrag des Preußischen Kö-nigreiches zur Ausgestaltung der Kieler Gelehrtenschule 1870 anfertigte. Unter dem Wandgemälde steht ge-schrieben: „Hier stehe ich, ich kann nicht anders, Gott helfe mir, Amen."

M2 Luther im Film

In vielen Darstellungen bildet die Anhörung Luthers vor dem Wormser Reichstag einen dramatischen Höhepunkt, so auch im Geschichtsspielfilm „Luther" von 2003. Die fünfzehnminü-tige Szene (1:03 bis 1:18) ist gekennzeichnet durch einen Wech-sel von langen und kurzen Einstellungen auf die Hauptfiguren, zunehmend in Naheinstellungen bzw. herangezoomt, die ge-geneinander geschnitten werden. Der Betrachter nimmt dabei entweder die Perspektive der jeweiligen Gegenseite ein oder betrachtet Luther aus Zuschauersicht. Die katholische Seite wird aus der Froschperspektive dargestellt. Martin Luther wird umgekehrt erst aus der Vogelperspektive, dann auf Augenhöhe gezeigt. Auf Musik wird verzichtet, es sind nur natürliche Ge-räusche der Verhandlung sowie die Äußerungen Luthers und des päpstlichen Gesandten Hieronymus Aleanders zu hören.

In einem kommentierten Filmprotokoll fasst der Medienpäda-goge Herbert Heinzelmann die Szene wie folgt zusammen:

Zweimal tritt Luther in Worms vor den Kaiser und Kurfürsten. Bei seinem ersten Erscheinen plagen ihn noch Zweifel. Ka-mera und Schnitt wechseln zwischen dem inzwischen von den Zuschauenden akzeptierten „Helden" und der Menge, die ihn beobachtet und jede seiner Regungen kommentiert. [5] In der Handlung bereits eingeführte Personen (Staupitz[1], Hutten[2], Friedrich der Weise oder Aleander) geben der Menge vertraute Gesichter. In einer gewährten Bedenkzeit ringt Luther letztmals mit Zweifeln und Teufeln. Beim zweiten Auftritt wird ihm der päpstliche Gesandte Aleander als Ge- [10] genspieler gegenübergestellt und so die aus dem US-ameri-kanischen Kino vertraute Duell-Situation geschaffen. Seine Absage des Widerrufs bekräftigt Luther schließlich mit den historisch fraglichen, jedoch für die Luther-Legende unver-zichtbaren Worten: „Hier stehe ich. Ich kann nicht anders. [15] Gott helfe mir." Dazu sein Gesicht in Großaufnahme. Men-schen springen auf, Geschrei bricht los, Musik setzt ein. Die be- oder entgeisterten Reaktionen der Menge werden in kurze Einzelszenen aufgelöst. Auf der Tonspur erschallen aus dem Off anschwellende „Luther! Luther!"-Rufe. Eine Menge [20] stößt mit Fackeln ein Tor auf und rüttelt an einem Gitter. Das symbolische Bildzeichen für Revolution ist gesetzt.

Herbert Heinzelmann, Luther. Eric Till, Deutschland 2003, Filmheft heraus-gegeben von der Bundeszentrale für politische Bildung, Bonn 2004, S. 7

[1] **Johann von Staupitz** (um 1465 - 1524): deutscher Theologe, Förderer Martin Luthers
[2] **Ulrich von Hutten** (1488 - 1523): deutscher Humanist

M3   Der Wormser Reichstag aus katholischer Perspektive

Der Historiker Volker Reinhardt zeichnet auf breiter Quellenbasis die Details des Wormser Reichstages nach. Als Grundlage dient hier insbesondere die römisch-katholische Perspektive, die vor allem auf den schriftlichen Berichten des päpstlichen Gesandten Hieronymus Aleander fußt. Die Quellen sind vom Autor übersetzt und weitgehend sprachlich modernisiert worden.

Zur Anreise Luthers schreibt Aleander:

Er ist auf dem Weg und wird in zwei Tagen hier eintreffen. Auf seiner Reise betreibt er großen Aufwand; so führt er Edelleute und sechs Doktoren mit sich. Zuvor hat er in Erfurt gepredigt, wo er von Vertretern der freien Künste[1] und Juristen
5 ehrenvoll abgeholt wurde. Doch darüber will ich nichts Näheres behaupten, weil viel geredet wird und Gerüchte umgehen. Doch kann ich versichern, dass sich der schurkische Herold[2], der ihn herführt, wie ein toller Hund verhält. Er ist unser bösartiger Feind und lässt Martin unterwegs, wie be-
10 richtet wird, wahre Triumphe feiern.

Zur Bitte Luthers um Bedenkzeit am ersten Verhörtag:

Der Verrückte war lachend eingetreten und hatte vor dem Kaiser andauernd mit dem Kopf gewackelt, nach links und nach rechts, nach oben und unten. Doch beim Weggehen sah er gar nicht mehr so fröhlich aus. [...]
15 Nachdem sie ihn gesehen haben, halten ihn viele von denjenigen, die ihn an sich begünstigen, entweder für verrückt oder für vom Teufel besessen, viele andere für heilig und voll des Heiligen Geistes. Doch wie dem auch sei, er hat unbestreitbar in der öffentlichen Meinung viel von seinem ur-
20 sprünglichen Ansehen verloren.

Zum Abgang Luthers nach dem zweiten Verhörtag:

So wurde Luther entlassen und von einer großen Menge, vor allem Edelleuten des sächsischen Herzogs, begleitet. Und als er aus dem Kaisersaal heraustrat, hob Martin die Hand nach Art der deutschen Landsknechte, wenn sie im Wettkampf
25 über einen gut gelungenen Schlag jubeln.

Volker Reinhardt fasst Aleanders Urteil wie folgt zusammen:

Den Ausgang des Treffens sah Aleander umgekehrt. Der Kaiser stand mehr denn je in Treue fest zum alten Glauben und damit auch zum Heiligen Stuhl, wie er am 19. April in einer ausführlichen Erklärung kundtat. Zudem hatte er den deutschen Eiferern den Wind aus den Segeln genommen. Nach 30 dem Auftritt ihres Helden in Worms konnten sie nicht mehr behaupten, dass dieser ungehört der römischen Tyrannei zum Opfer falle. Ende gut, fast alles gut: Bald, so der Nuntius[3] in seiner Schlusswendung im Brief vom 19. April, werde man sich der überstandenen Unbill[4] mit Behagen erinnern! 35

Die Äußerungen Luthers zu weiteren Anhörungen noch während des Reichstages vor Fürsten und Geistlichen führen zu Aleanders abschließender Beurteilung:

Viele von denjenigen, die mit ihm diskutiert haben, haben bemerkt, dass er weder Grammatiker noch Dialektiker noch Theologe, sondern schlicht und ergreifend von Sinnen ist. Und so glauben alle, dass er den größten Teil seiner Schriften nicht selbst verfasst hat. Und er selbst hat insgeheim einigen 40 Leuten gestanden, dass seine Freunde die schlimmsten seiner Schriften verfasst haben; doch müsse er diesen als Mitwisser seiner Verschwörung die Treue halten. [...] Und als der Offizial[5] auf dialektische[6] Art und Weise argumentierte, entgegnete ihm Luther, dass er nicht wolle, dass dieser sich der 45 Logik bediene. Das ist nun wirklich der schiere Wahnsinn, so lohnt es sich nicht, überhaupt zu sprechen. Und mit solchen himmelschreienden Unsinnigkeiten gewinnt dieses Ungeheuer die Dummen für sich. [...] Aber es gibt keine Möglichkeit, ihn zu überzeugen, ja, nicht einmal die Hoffnung, sinn- 50 voll mit ihm zu disputieren, weil er jeden Richter ablehnt und offen zugibt, kein Konzil oder irgendeine andere Autorität anzuerkennen, sondern allein das Wort des Alten und des Neuen Testaments, das er ganz und gar in seinem Sinne auslegt. Und wer es anders interpretiert, den verhöhnt er und 55 behauptet, nicht überzeugt zu sein.

Nach: Volker Reinhardt, Luther, der Ketzer. Rom und die Reformation, München 2016, S. 174-181 (Quellenbelege wurden entfernt)

---

[1] **Freie Künste** (lat. artes liberales): Studienfächer, zu denen Grammatik, Rhetorik, Dialektik, Arithmetik, Geometrie, Musik und Astronomie gehören
[2] **Herold**: Bote eines Dienstherrn
[3] **Nuntius**: päpstlicher Gesandte
[4] **Unbill**: Unannehmlichkeit, ungerechte Behandlung
[5] **Offizial**: Vorsteher einer kirchlichen Gerichtsbehörde
[6] **dialektisch**, hier: ein festgelegtes Argumentationsverfahren, das sich auf die Lehrsätze der Kirche beruft

Erwartungshorizont

Zu Aufgabe 1

- a) Das um 1877 entstandene Ölgemälde Anton von Werners ist eine Replik seines Wandgemäldes für die Kieler Gelehrtenschule, das er im Auftrag der protestantisch geprägten preußischen Regierung 1870 anfertigte.

  Es handelt sich um ein Historiengemälde. Zwischen Ereignis und Darstellung liegen mehrere hundert Jahre. Es ist nicht bekannt, welche Vorlagen oder Quellen der Maler benutzt hat. Zur Bildanalyse:

  Figurenkonstellation: Kaiser Karl V., der päpstliche Gesandte Aleander und Vertreter des Klerus befinden sich in der linken Bildhälfte; Luther steht rechts davon, nahezu zentral; die Fürsten sitzen oder stehen im Hintergrund; trotz erhöhter Position der katholischen Seite ist Luther nur knapp unterhalb ihrer Augenhöhe; die katholische Seite wird als Gruppe gezeigt, Luther herausgelöst und allein; die Lichtführung (erhellter Hintergrund durch Lichteinfall, möglicherweise Symbol für eine heranbrechende „Aufklärung") lenkt den Blick zu Luther;

  Kontrastierung durch a) *Pose*: Karl V. wird sitzend, angespannt zuhörend gezeigt, während die Körperhaltung des stehenden Aleander Abwehr und Empörung ausdrückt; Luther wird in dramatischer und selbstbewusster Haltung dargestellt; b) *Farbgebung*: es dominieren rote und schwarze Farbtöne; c) *Kleidung*: (weltlicher und kirchlicher) Prunk versus dem schlichten Mönchsgewand Luthers; d) *Beleuchtung*: die linke Bildseite befindet sich teilweise im Halbdunkel (ausgenommen Aleander), möglicher Hinweis auf die bedeutende Rolle Aleanders und die Machtlosigkeit Karls V.; Luther erscheint dagegen voll ausgeleuchtet und „strahlend";

  Betrachterperspektive: leichte Untersicht; durch die Wahl des Ausschnittes wird der Betrachter des Bildes quasi als Zuschauer/Zuhörer eingebunden;

  Fazit: Das Gemälde reduziert die komplexe Durchsetzung der Reformation auf den Zweikampf zwischen Luther und dem Klerus sowie Karl V., mit dem er hier direkt spricht (historisch unwahrscheinlich). Luther wird als unerschrockener Sieger eines ungleichen Kampfes dargestellt. Das Gemälde steht in der visuellen Tradition des legendenhaft verklärten Luther.

- b) Die ausgewählte Filmszene zeigt Luthers Anhörung vor dem Wormser Reichstag. Sie stammt aus dem Geschichtsspielfilm „Luther" des Regisseurs Eric Till. Die US-amerikanisch-deutsch-britische Koproduktion entstand 2003. Zur Szenenanalyse:

  Die Szene inszeniert den Wormser Reichstag als dramatischen Höhepunkt der Auseinandersetzung Luthers mit der weltlichen und geistlichen Macht. Die päpstlichen Vertreter werden als treibende Kraft dargestellt. Luthers Auftreten ist zunächst zögerlich, er spricht leise und eingeschüchtert. Die Kamera zoomt auf die Gesichter der Protagonisten und zeigt so die zunehmende Empörung der katholischen Seite und den wachsenden Durchsetzungswillen Luthers. Das spiegelt sich auch in den schnellen Schnitten und unterschiedlichen Reaktionen des Publikums, zudem wird Luther erst von oben und die Gegenseite von unten, also unter- bzw. überlegen gezeigt. Im Lauf der Szene wechselt dieses Machtgefälle: Luther gewinnt an Sicherheit und kann seine Überzeugung in dem legendären Abschlusssatz zum Ausdruck bringen. Zudem werden die Anwesenden zwar in ihren Reaktionen zwiespältig gezeigt, das Volk aber unterstützt Luthers Ansichten und deutet den Beginn einer Revolution an.

Zu Aufgabe 2

- Gemälde und Film haben verschiedene mediale Erzählmöglichkeiten. Während das Gemälde nur den dramatischen Höhepunkt zeigen kann, zeigt der Film längere und zusammenhängende Ausschnitte. Das Gemälde stellt einen Höhepunkt dar, den der Film erst dramatisch aufbaut und in seiner Entwicklung zeigt. Die Botschaft ist beiden Darstellungen gleich. Sie stehen in der Tradition des legendenhaft überhöhten Luther, ein Zeichen dafür, dass diese Sicht bis heute in der Geschichtskultur vorherrschend ist.

Zu Aufgabe 3

- Folgende Schwierigkeiten, historisch triftig film- und publikumsgerecht zu erzählen, können hier genannt und auf das konkrete Filmbeispiel bezogen werden:
  Authentizität der Kulisse versus mangelnder Rekonstruktionskenntnisse / -möglichkeiten;
  Komplexität historischer Ereignisse (Fakten- und Personenauthentizität) *versus vereinfachtes filmisches Erzählen* (narrative Verdichtung der Zeiträume, Reduktion der Personenanzahl und Perspektiven (Typenauthentizität) sowie der Pluralität/Kontroversität späterer Deutungen (Triftigkeit));
  Visualisierung und Darstellung aller Details (Dialoge, Gefühle, Gedanken) *versus Quellenlücken* sowie
  Seh- und Unterhaltungserwartungen (zum Beispiel dramatische Liebesgeschichten, Aufstiegsgeschichten) *versus historische Möglichkeiten.*

Zu Aufgabe 4

- Die Ursprünge der „Historienmalerei" liegen in der Renaissancezeit. Die Kunstgattung inszeniert Vergangenheit als bedeutsame Geschichte. Im Laufe der Jahrhunderte entstanden sowohl Bilder, die sich auf weiter zurückliegende Ereignisse beziehen, als auch solche, die relativ zeitnahe Ereignisse als für die Gegenwart und Zukunft bedeutsam inszenieren („historische Augenblicke"). Es sind Versuche, den (Bild-)Betrachter von der Vergangenheitsdeutung der Künstler bzw. ihrer Auftraggeber zu überzeugen. Die Darstellungen sind daher dramatisch und mitreißend, appellieren an Gefühle. Häufig wird ein Höhepunkt einer Entwicklung oder eines Ereignisses hierfür ausgewählt oder als solches unhistorisch verdichtet dargestellt und mit bildsprachlichen Mitteln überhöht. Historienmalerei soll Orientierung bieten, Vorbilder zeigen, Identitätsangebote machen oder Herrschaft legitimieren. Sie ist keine Quelle für die dargestellte Zeit, sondern für zeitgenössische Geschichtsbilder mit politischer bis hin zu propagandistischer Intention. Im Original sind sie nur wenigen zugänglich, als Kopie, Abdruck oder in Ausstellungen weiteren Kreisen. Die Fotografie verdrängte diese Kunstgattung im 20. Jahrhundert weitgehend.
- Ähnlich verhält es sich mit Geschichtsspielfilmen, wenn sie Orientierungs-, Identitäts- oder andere Sinnbildungsangebote machen. Sie versuchen Zeitgenossen politisch oder moralisch zu beeinflussen, gegenwärtige Zustände oder herrschaftliches Handeln zu legitimieren. Manche Filme dienen primär der Unterhaltung. Hier wird Vergangenheit nur als Kulisse genutzt. Politische Geschichtsspielfilme sind eine moderne Version der Historienmalerei. Wegen ihrer weiten Verbreitung (Kino, TV) und Zugänglichkeit (DVD/Blu-ray Disc, Online-Portale) sind sie ein wichtiges Medium der Geschichts- oder Erinnerungskultur.

Zu Aufgabe 5

- Insbesondere wegen der tendenziell einseitigen Darstellung der Reformation bleibt die zeitgenössische katholische Sicht unterrepräsentiert. Sie ist uns zudem „fremd", weil sie auf einem Welt- und Menschenbild fußt, dass wir heute nicht mehr teilen. Gerade das Sachurteil stellt daher eine große Herausforderung dar.

- Aleander zeichnet Luther durchgängig negativ („vom Teufel besessen", „von Sinnen") und als einen nicht ernst zu nehmenden Gegner (nicht selbst Urheber der Schriften, diskussionsunfähig). Er verweist zwar darauf, dass Luther Anhänger hat, Aleander kommt aber zu dem Schluss, dass sich das „Problem" angesichts des kläglichen Auftritts Luthers wohl bald erledigt haben werde.
- Aleander verkennt die Schwäche Karls V., die eine effektive Umsetzung der Reichsacht verhinderte. Seine Darstellung Luther als einfältig, starrsinnig und wahnsinnig ist zeitgenössisch zu verstehen. Als Vertreter des Klerus glaubt Aleander an eine festge-fügte, Gott gegebene Ordnung. Die Reformation muss daher scheitern. Für ihn ist Luther zu dieser Zeit wahrscheinlich nur ein weiterer „Ketzer", der in seine Schranken verwiesen werden muss und die bestehende Ordnung nicht ernsthaft gefährden kann.
- Der Erfolg der Reformation war nur durch die besondere Mächtekonstellation möglich: die Schwäche des Kaisers und das Emanzipationsstreben vieler deutscher Fürsten. Die weitere Entwicklung war für Aleander nicht vorhersehbar und wurde von ihm falsch eingeschätzt. Seine Darstellung erscheint daher aus heutiger Sicht hochmütig und arrogant. Zu diesem Zeitpunkt war ein Erfolg der Reformation allerdings für niemanden abzusehen.

Zu Aufgabe 6
- *Szenenprotokoll*:

Szene	Inhalt	Filmsprachliche Mittel / Authentifizierungsstrategien
Einstieg / Rahmung	Der schlicht gekleidete Aleander sitzt am Schreibtisch eines lichtdurchfluteten Arbeitszimmers. Er verfasst mit einem Gänsekiel einen Brief an den Papst. Er blickt auf und denkt nach, tunkt den Federkiel wiederholt in ein Tintenfass und schreibt weiter.	Aleander wird von der hereinscheinenden Sonne indirekt und weich ausgeleuchtet. Es folgt ein Kameraschwenk durch das Zimmer. Der Gesandte wird in der Halbtotalen gezeigt. Im Hintergrund ertönt Vogelgezwitscher. Nach einem Zoom auf Aleanders Gesicht schwenkt die Kamera über seine Schulter hinweg auf den Brief (Zoom in, während er schreibt; Überblende auf das Originaldokument). Aus dem Off spricht Aleander den Brieftext. Es schließt eine Überblende zum Wormser Reichstag an.
Ankunft Luthers auf dem Reichstag	Luther wird als „Popstar" („Starpose" auf einer Kutsche) von einer einfältigen und abergläubischen Masse (ungepflegte Menschen, die Lutherbilder hochhalten; dichtes Gedränge; Frauen fallen in Ohnmacht) gefeiert.	Ort und Zeit wird eingeblendet; extreme Untersicht auf Luther/Obersicht auf die Bevölkerung; dramatische, mitreißende Musik ertönt; schnelle Schnitte mit Schwenks über und Überblicksein-stellungen auf die jubelnde Masse sowie close-ups auf Luther, der sichtlich begeistert ist und sich feiern lässt.
Erste Anhörung	übertrieben selbstbewusster „Einmarsch" Luthers, arrogante Pose, unverschämtes Auftreten, „dümmliches" Grinsen nach allen Seiten; katholische und protestantische Fürsten tuscheln, diskutieren, äußern Kritik am Verhalten des Mönches; bestimm-tes Auftreten von Kaiser und Klerus; Verlesen der Frage (Widerruf) und sachlicher Hinweis darauf, dass eine Disputa-tion auf dem Reichstag nicht möglich ist; Luther wird unsicher und beginnt zu zweifeln, seine Stimme stockt, er wird leise.	Luther wird zunächst aus der Untersicht gezeigt, während Aleander und Karl V. auf Augenhöhe zu sehen sind; Gegen-schnitte; dann Schwenk zur Obersicht auf Luther und Untersicht auf Klerus und Kaiser; Zwischenschnitte auf Fürsten und Protestanten, die Zweifel und Empörung zeigen, „Over-shoulder shots"
Zweite Anhörung	...	...

- *Begründung*: Die „Gegendarstellung" Luthers aus katholischer Sicht ist eine subjektiv-zeitgenössische Wahrnehmung. Allerdings besteht hierdurch die Chance, die Reformation als Ganzes differenzierter zu erfassen. Es gab auch andere Reformatoren, deren Wirken nicht zu derart umfassenden gesellschaftlichen Veränderungen führte. Das legendär-überhöhte Lutherbild verwischt, dass es nicht die Tat eines Einzelnen, über alle Maßen außergewöhnlichen Menschen war, der diese Veränderung herbeiführte. Es sind vielmehr weitere Faktoren zu berücksichtigen, die letztlich die Voraussetzungen dafür boten, dass die Reformation sich behaupten konnte. Eine Dekonstruktion des filmisch gängigen Lutherbildes (z. B. „Luther" von 2003, auch „Katharina Luther" von 2017) durch Kontrastierung mit einem negativen Bild kann Diskussionen über das Fehlkonzept, „Geschichte wird von Mächtigen gemacht", ebenso fördern, wie es Anlass zum Nachdenken darüber bietet, wieso und unter welchen Bedingungen sich gesellschaftliche Umwälzungen vollziehen. Daher wäre es auch denkbar, Filme zu produzieren, die mit derartigen Geschichtsmythen brechen, um so zu einer vertieften Auseinandersetzung mit „Geschichte" und ihrer Verwendung anzuregen. So könnte beispielsweise die „Eroberung der Neuen Welt" aus der Perspektive der indigenen Bevölkerung gezeigt und damit ein Gegenpol zu Vergangenheitsverherrlichungen geschaffen werden.

Aleander, Hieronymus 87-89, 91
Althoff, Gerd 39 f.
Assmann, Aleida 12, 15
Assmann, Jan 12, 15

Bora, Katharina von 52 f.
Buddrus, Michael 42

Cornelißen, Christoph 15

Diodor 45
Dörr, Margarete 42
Durant, William 37

Frank, Anne 21, 74

Gibson, Mel 36, 38
Globocnik, Odilo 43
Gorgo 45-47

Haeger, Monika 33, 75
Halbwachs, Maurice 12
Handro, Saskia 13
Heinzelmann, Herbert 87
Herodot 45, 47, 49 f.

Jeismann, Karl-Ernst 12-14, 18 f.

Karl V. 55, 89
Kerber, Ulf 67, 71
Kolumbus, Christoph 37
Knopp, Guido 34, 42

Leonidas I. 45 f., 49-51
Luther, Martin 8, 10, 27, 32, 52-58, 78,
    87-92

Miller, Frank 45-47

Neitzel, Sönke 41

Pandel, Hans-Jürgen 17, 20 f., 26, 28, 30,
    35, 47
Pirker, Eva Ulrike 35
Plutarch 45

Reinhardt, Volker 88
Reinmann-Rothmeier, Gabi 67 f.
Röllig, Mario 76
Rüdiger, Mark 35
Rüsen, Jörn 12, 19 f., 28

Sauer, Michael 41 f.
Schönemann, Bernd 12, 14
Schulmeister, Rolf 61, 68-70
Snyder, Zack 45-47

Terpitz, Werner 33 f.
Tetzel, Johann 52, 54, 79 f.
Theodor de Bry 37
Till, Eric 54, 87, 89
Trsek, Wilhelmine 43

Wales, Jimmy 65
Welzer, Harald 42
Werner, Anton von 86 f., 89

Xerxes I. 45, 47, 50

Die hervorgehobenen Seitenzahlen verweisen auf Begriffserläuterungen.

Antikommunismus 25
Antisemitismus 53, 57
Authentifizierungsstrategien 26 f., 35 f., 46,
    86, 91
Authentizität 17, 20 f., 24, 26-28, 30-32, 35,
    41, 44, 47, 51, 71, 90

Bann 53, 55

Digitalisierung 9, 60, 66-68, 70, 74
Digital literacy (Digitalkompetenz) 61, 70
Digital Native 58, 68-70
Doku-Drama **22** f., 27

Experte 27, 30 f., 39 f., 42, 47-51, 62, 72, 79
Experteninterview 22 f., 30 f., 39 f., 42, 49 f.,
    81

Fachportal 8, 28, 59, 63, 65, 72 f., 77, 80
Filmanalyse 25, 44 f.
Filmdokument 22-24, 30, 33-35
Filmkritik 9, 28, 38, 55, 81
Filmsprache 9, 44

Geschichtsbewusstsein 10-14, 17, 35
Geschichtsdokumentation 8, 16, **22**-24,
    30-32, 34 f., 39-43, 48-53, 56, 58, 71, 75
Geschichtskultur 6, 9 f., 12, 14-17, 24 f., 35,
    48, 50, 52 f., 71, 90
Geschichtsspielfilm 8, 17, **23** f., 24-30, 32,
    40, 44-49, 52-54, 58, 87, 89 f.

Internetnutzung 61-66, 68

Konfessionalisierung 52

Medienkompetenz 61, 68, 70, 81
Ministerium für Staatssicherheit (MfS) 23

Neue Medien 58, 60

Originalfilm 22-24, 30, 33-35

Reformation 52-58, 78-80, 87-91
Reichsacht 53, 55 f.
Reichstag zu Worms 55 f., 78, 86-89, 91

Schlacht an den Thermopylen 45 f., 49-51
Suchmaschine 8, 62 f., 77

Teil-fiktional **22**
Triftigkeit **11**-13, 17, 23, 26, 28, 30, 32, 36, 44,
    46 f., 51 f., 62, 77 f., 90

Wikipedia 8, 60, 62-66, 69, 77-80

Zeitzeuge 8, 21-23, 27, 30 f., 33-35, 41-43,
    48 f., 66, 75 f., 81
Zeitzeugenportal 41, 75 f.